O poder do silêncio

Dados Internacionais de Catalogação na Publicação (CIP)
(Câmara Brasileira do Livro, SP, Brasil)

Grün, Anselm
  O poder do silêncio / Anselm Grün ; tradução de
Luiz Costa de Lucca Silva. 4. ed. – Petrópolis, RJ : Vozes, 2014.

  Título original: In die Stille finden : Mönchische
Erfahrungen für den Alltag

  5ª reimpressão, 2025.

  ISBN 978-85-326-2437-6

  1. Energia vital 2. Meditação 3. Silêncio I. Título.

10-09029   CDD-291.435

Índices para catálogo sistemático:
1. Silêncio : Meditação : Religião   291.435

Anselm Grün

O poder do silêncio

Tradução de Luiz Costa de Lucca Silva

© Claudius Verlag München 2008.

Tradução do original em alemão intitulado
In die Stille finden – Mönchische Erfahrungen für den Alltag

Direitos de publicação em língua portuguesa
2010, Editora Vozes Ltda.
Rua Frei Luís, 100
25689-900 Petrópolis, RJ
www.vozes.com.br
Brasil

Todos os direitos reservados. Nenhuma parte desta obra poderá ser reproduzida ou transmitida por qualquer forma e/ou quaisquer meios (eletrônico ou mecânico, incluindo fotocópia e gravação) ou arquivada em qualquer sistema ou banco de dados sem permissão escrita da editora.

CONSELHO EDITORIAL

Diretor
Volney J. Berkenbrock

Editores
Aline dos Santos Carneiro
Edrian Josué Pasini
Marilac Loraine Oleniki
Welder Lancieri Marchini

Conselheiros
Elói Dionísio Piva
Francisco Morás
Teobaldo Heidemann
Thiago Alexandre Hayakawa

Secretário executivo
Leonardo A.R.T. dos Santos

PRODUÇÃO EDITORIAL

Anna Catharina Miranda
Bianca Gribel
Eric Parrot
Jailson Scota
Marcelo Telles
Mirela de Oliveira
Natália França
Priscilla A.F. Alves
Rafael de Oliveira
Samuel Rezende
Verônica M. Guedes
Vitória Firmino

Editoração: Frei André Luiz da Rocha Henriques
Projeto gráfico, ilustrações e capa: Aquarella Comunicação Integrada

ISBN 978-85-326-2437-6 (Brasil)
ISBN 978-3-532-62361-9 (Alemanha)

Este livro foi composto e impresso pela Editora Vozes Ltda.

Sumário

Introdução, 7

1 Viver com todos os sentidos, 13

2 Observando a natureza (água, árvore, paisagem), 19

3 Sentar – ficar de pé – andar, 31

4 *Meditatio – ruminatio – contemplatio*, 45

5 Meditação nas imagens bíblicas, 57

6 *Lectio divina*, 67

7 Rituais matutino e vespertino, 79

8 O exército do Porteiro, 87

9 Meditação e música, 93

10 Atividades simples e contínuas, 99

11 Liturgia e silêncio, 105

Resumindo, 111

Referências, 115

Introdução

Muitas pessoas, hoje em dia, anseiam pelo silêncio. Há muito ruído nos atordoando e castigando os ouvidos. Há mais de 50 anos, o poeta cristão Werner Bergengruen já expressava a busca pelo silêncio, em sua época, com palavras que ainda hoje nos inspiram.

VEM, PODER DO SILÊNCIO
SOMOS TÃO INVADIDOS,
DESPOJADOS DE TODO ALÍVIO.
EM TODO MOMENTO DE TENSÃO
NADA NOS VEM SOCORRER.

DE ACUSAÇÕES E DURAS PALAVRAS
JÁ ESTAMOS FARTOS.
QUEREMOS O SOM DO SILÊNCIO
QUE NOS VENHA RESTAURAR.

QUE ROMPA O DOMÍNIO, A COBIÇA,
E A IMPOSIÇÃO DO BURBURINHO.
VEM, PODER DO SILÊNCIO,
VEM TRANSFORMAR ESTE MUNDO.

Costumamos ser atormentados por muitas palavras, que diariamente nos invadem. Desejamos ardentemente a clareza, o silêncio, o silêncio divino, aquela fonte da qual todos nós viemos.

Porém, em meio a toda essa busca, os homens também sentem medo. Muitos nem sabem como alcançar o silêncio, por não estarem puros em seu próprio íntimo, por não saberem como encontrar a si mesmos. Temem ser completamente tomados pelo que lhes é desagradável: supressão das conveniências, sensação de vida desperdiçada ou o sentimento de que a vida não flui. Muitos sentem-se encurralados entre sua busca pelo silêncio e o medo que sentem do mesmo. Poderiam seguir rumo à paz, mas, quando tudo está calmo a seu redor, entram logo em pânico, porque o insuportável ruído interno pode ressurgir.

Na tradição espiritual do cristianismo, encontram-se muitos caminhos para o silêncio e para a meditação, e há formas análogas, praticadas no hinduísmo e no budismo: por exemplo, a repetição de mantras, na qual palavra e respiração se combinam, ou a meditação silenciosa, na qual somente a respiração flui e todo pensamento é liberado. Muitos, porém, são os caminhos para alcançar o silêncio. Uma caminhada através de um bosque, por exemplo, é o mais silencioso dos passeios. Outro recurso é ficar à beira de um lago, ou do mar, e alcançar o silêncio por meio da contemplação.

Neste livro, eu descrevo meios de atingir o silêncio e a meditação, de forma extensa e coerente, e sigo pelos caminhos rumo ao silêncio e à meditação, conforme foram praticados ao longo da tradição cristã.

É importante saber diferenciar os conceitos do "calar" e do "silêncio".

CALAR

Calar-se é um ato humano. O homem exercita-se no sentido de conter a fala, não apenas exteriormente, mas também *calando-se* internamente. Isso é difícil. Os monges antigos descreveram com precisão o caminho para tal, que parte do princípio de calar todos os pensamentos que vêm continuamente à tona. Calar externamente é simples. O que se torna difícil é calar os pensamentos que soam o tempo todo ao redor da mente. Para os monges, esta contenção consiste, principalmente, na renúncia às coisas que valorizamos. Antes de nos conscientizarmos, damos valor àquilo que vivenciamos. Valorizamos nossos próprios pensamentos e sentimentos, e as pessoas com quem lidamos. Formamos rapidamente uma opinião a seu respeito e as marcamos com determinados rótulos.

Os antigos monges, conhecidos como "confrades", que, de fato, calavam-se externamente, tinham, porém, seus corações em contínuo diálogo, pois guardavam, no íntimo, opiniões uns sobre os outros. O esforço para renunciar a tais opiniões é um caminho exaustivo, que exige atenção constante. No século IV, um jovem monge procurou o Patriarca Besarion e lhe perguntou: "O que devo fazer?" O ancião respondeu: "Mantém-te calado e não te compares com os outros!" (Sentença 165). E, à pergunta do Patriarca Poimen: "Dize-me, como faço para tornar-me um monge?", respondeu o Patriarca Joseph: "Se queres encontrar a paz, neste lado e no outro, então pronuncia a cada ato que faças: 'Eu – quem sou eu?' E não julgues ninguém" (Sentença 385).

Só podemos calar se renunciamos ao costume de julgar os outros e de nos compararmos a eles. Nada podemos fazer para impedir que os pensamentos de opinião e comparação pessoal se manifestem, porém devemos sempre e continuamente deixá-los de lado, reduzindo-os, assim, ao silêncio. O calar é, antes de tudo, a renúncia às avaliações e opiniões. É um aprendizado que requer perseverança. Até que se tornem, de fato, interiormente silenciosos, os monges precisam praticar, anos a fio, este caminho do *calar*.

SILÊNCIO

O *silêncio* está à nossa disposição, é um estado que vivenciamos. O silêncio nos envolve. Para que possamos entrar em contato com este silêncio que temos à volta, é essencial que não nos envolvamos em nosso barulho interior e, de tal modo, não o ouçamos. Uma paisagem é silenciosa, uma igreja respira silêncio, no interior da nossa casa costuma haver pleno silêncio, quando nenhum ruído de fora penetra o ambiente. Ou, se nos referimos a uma pessoa, podemos dizer que ela é silenciosa. Esta, mesmo quando fala, emana silêncio. Esta pessoa vive tranquila em si. Outros, que, em alguns casos, nada falam, são, no entanto, totalmente inquietos. Quando nos sentamos perto deles, em um concerto ou numa igreja, sentimos sua inquietação interior.

O silêncio é um elemento que nos faz bem. É um estado de pureza, é algo que não se coloca em evidência, é alguém que renuncia a ser notado. Alguém que *apenas está ali*.

O silêncio é algo mais que ausência de ruído. Nas montanhas, podemos respirar pleno silêncio, quando percebemos apenas o murmúrio de um riacho. O murmúrio é um ruído, mas não perturba o silêncio; pelo contrário, ajuda a torná-lo acessível. Silêncio e paz interagem. Quando escrevo a respeito do caminho para o silêncio, parto do princípio de que não devo *produzir* o silêncio. O silêncio existe diante de mim e independentemente de mim.

Entretanto, não vivenciamos o silêncio apenas por fora, mas também interiormente. Existe em nós um espaço próprio do silêncio, e esse espaço existe independente do que fazemos, de nos mantermos calados ou falantes.

Precisamos, portanto, penetrar esse espaço interior do silêncio. Na tradição espiritual, há muitos caminhos pelos quais podemos achar acesso ao silêncio interior. Eu começaria pelos caminhos da natureza, que temos à disposição, e, daí, partiria para os métodos, conforme foram desenvolvidos no campo da tradição espiritual.

1 VIVER COM TODOS OS SENTIDOS

Antes de entrar nos métodos para alcançar o silêncio interior, desenvolvidos principalmente pelos monges antigos, devo falar a respeito dos cinco sentidos. Cada homem é provido de cinco sentidos. O cérebro está sempre cheio de inquietação e ruído. Para nos tornarmos livres dos muitos pensamentos que nos atormentam, devemos lidar com os sentidos de modo que eles nos conduzam ao silêncio. Eles concentram o espírito inquieto, restringindo-o ao corpo. Desde sempre os sentidos tem sido um fator importante – e central – na experiência divina, no que tange a perceber a vida. Esta percepção conduz ao silêncio. Enquanto nos entregamos a um sentido, ficamos livres da fixação aos contínuos pensamentos inquietos. Em nossos sentidos, ficamos plenamente conosco e em nós.

Quando participo de retiros trimestrais entre religiosos, procuro sempre notar o que é melhor para cada um. Para muitos, é a autoimposição de uma disciplina, entregando-se à meditação toda manhã e voltando à capela ao entardecer. Há outros que, após muita meditação, experimentam, no entanto, uma resistência interior. Em grupo, observamos tal resistência e ouvimos, a seguir, o que ela significa para nós. Seria ela um sinal para que eu desista de tão longa expectativa e que devo experimentar algum outro modo, mais condizente comigo? A vida espiritual, certamente, requer disciplina, mas também precisa estar de acordo comigo, deve proporcionar-me alegria, devo seguir feliz para o silêncio. Caso contrário, não me trará muita coisa. Às vezes temos que deixar de lado o rígido caminho da meditação, para descobrir nosso próprio caminho espiritual.

Viver com todos os sentidos é o conselho que dou às pessoas que têm dificuldades com os métodos tradicionais de meditação. Essas pessoas não devem se esforçar absolutamente em nenhum tipo estabelecido de meditação, e sim, com simplicidade, lenta e conscientemente, caminhar e, no ato, captar com todos os sentidos o que presenciam. Não é preciso muito esforço. O exercício acontece justamente ali, em plena liberdade, na simplicidade de apenas estar consigo mesmo, de estar em seus próprios sentidos e sentir o mundo com todos eles.

Um exercício concreto poderia ser entendido assim: Durante os primeiros 10 minutos de caminhada, eu procuro apenas *olhar*. O que vejo à frente? Eu percebo diretamente a paisagem, os prados, os campos, as flores, cada árvore; olho para o céu com seu jogo de nuvens. Não é uma observação curiosa, os olhos não se detêm lá e cá. Em verdade, estou na plenitude do panorama. No panorama, admiro a beleza da criação e, na criação, vejo o próprio Criador. Por isso é que, para os gregos, a visão era o mais importante dos sentidos. Eu não observo como espectador, e sim de modo a tornar-me um com o que observo. Enfim, estou em *contemplação*: na observação daquilo com que me deparo, vejo o mistério divino, vejo os elementos a partir da base e, na base, enxergo o Criador. E *contemplar* também significa *olhar interiormente*, olhar para a nossa própria luz interna. A luz do sol conduz meu olhar à luz interior da minha alma. Ali vejo Deus, não como uma imagem determinada, mas como a base primordial de todas as imagens.

Então, posso tentar, nos próximos 10 minutos, apenas *escutar*. O que ouço, enquanto aguço os ouvidos, a caminhar pelo campo? Ouço o zunir do vento, o canto dos pássaros, o cri-cri dos grilos, o zumbir das abelhas. E ouço meus próprios passos. Quando estou totalmente concentrado em ouvir, passo a ouvir, por fim, em todos esses sons, o silêncio. O zunir do vento ou o marulho do riacho não perturbam o silêncio, na verdade, tornam-no acessível. E há momentos em que, no meio do mato, eu só escuto mesmo o silêncio. Estes são instantes maravilhosos. Não ouço um automóvel à distância, nem o ronco de um avião. É um silêncio absoluto, quando nem mesmo o vento está soprando. E logo torno a ouvir ruídos suaves. Há qualquer coisa de terno quando o silêncio se torna audível. A audição sempre tem algo de misterioso em si. Por fim, em tudo que ouço, passo a ouvir o inaudível.

Nos próximos 10 minutos, concentro-me apenas no *olfato*. Inspiro o ambiente, o perfume do bosque, dos campos ceifados, dos arbustos à margem do caminho. Quando estou totalmente concentrado no olfato, posso notar como cada campo tem seu odor característico e como o campo exala um determinado cheiro pela manhã, outro quando está para chover, ou quando chove, outro quando faz sol, um odor característico no inverno, outro na primavera, outro no verão, outro no outono. Eu sinto o cheiro da diversidade.

O olfato é um sentido emocionante. Pelo olfato, vêm-me à memória os cheiros que senti na infância, que foram significativos, que me inspiram segurança. Mas também doenças, que tive na infância, costumam estar associadas a certos cheiros. Quando estou absorvido no olfato, ouço os pensamentos esvoaçando a meu redor. Assim, estou todo em meu sentido, no corpo e não na mente. O olfato me leva ao contato com intensas experiências de minha infância. Sempre que sinto o cheiro do feno, volto às minhas primeiras férias, nas quais, quando criança, estive numa aldeia de camponeses. Lá senti aquele cheiro característico do feno. Não sei ao certo o que me liga àquele cheiro, mas assim me parece: o cheiro desperta em mim a sensação de liberdade e segurança. E, ao mesmo tempo, existe naquele cheiro um toque de transcendência, de mistério. Certamente, quando criança, fui, através desse cheiro, tocado pelo próprio Deus.

Em seguida, tento sentir-me apenas *sob minha pele*. Eu sinto o vento, que por vezes me toca suavemente e logo segue seu curso. Sinto o calor do sol no meu rosto. Detenho-me para sentir, na criação, o mistério divino. Estendo os braços e, com as mãos abertas, sinto o sol e o vento. Deixo-me tocar pelo vento, deixo que o sol me irradie e tome conta de mim. Isso me faz bem. Ou toco as flores, as gramíneas, uma árvore. Enquanto estou completamente absorvido no tato, alcanço a paz. Eu apenas sinto. Vivencio apenas o toque. Isso me torna silencioso. Quando me fixo totalmente no tato, eu toco em algo maior do que eu. O que me dá satisfação não é comparar o efeito de cada contato, nem mesmo avaliá-los com base no conhecimento. Nas coisas em que toco, eu toco no intocável, enfim, toco o mistério. Assim, pelo simples ato de tocar, tudo ao meu redor silencia. Tudo se cala e fala somente pelo inexprimível.

Quando caminho com todos os sentidos em meio à natureza, passo a ouvir o rumor estridente dos muitos pensamentos à distância. Estou, na verdade, nos domínios da visão, da audição, do olfato e do tato. Os pensamentos ao redor continuam um tanto despertos, quando me vem algum odor da infância. Mas eu não me detenho neles. Meus pensamentos não ficam transitando por toda parte. Eu vivo o momento, vivo em meus sentidos; assim chego ao silêncio. Os sentidos condicionam meu espírito inquieto e me conduzem ao silêncio.

Para muitas pessoas, o caminhar em meio à natureza é um valioso modo de chegar ao silêncio e para encontrar Deus, que, na criação, lhes vem ao encontro, visível, audível, respirável, tangível.

2 Observando a natureza
(água, árvore, paisagem)

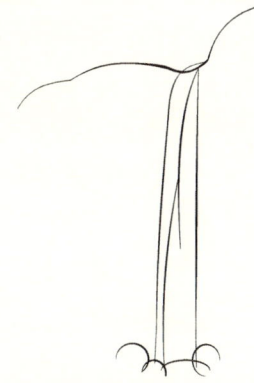

Caminhar pela criação com os sentidos despertos é uma forma de procurar o silêncio em meio à natureza. Há, porém, outras maneiras de vivenciar o silêncio em ambientes naturais. Muitas pessoas encontram um lugar favorito na natureza. Sentam-se num determinado banco sob uma árvore e dali observam a paisagem.

Há muitos lugares que são cheios de uma profunda paz peculiar. Quando vou ao "meu" lugar e lá me sento, e olho a paisagem, sou preenchido por essa profunda paz característica. Vem-me a impressão de que a própria paisagem é toda feita de ternura e paz. Observo os campos, os povoados e torres de igrejas, e brota um sentimento de segurança e lar, de elevação, suporte e base. Isso me conduz ao silêncio.

Muitos são os lugares de poder que fazem bem a determinadas pessoas. Esses lugares possuem uma emanação toda própria. Por que é assim, não sabemos. Mas são lugares que nos agradam de imediato, que nos dão a sensação de estarmos envolvidos por algo maior. A respeito desses lugares de poder, escreveu Marc de Smedt: "Quando viajamos, quando passeamos, sempre deparamos, em nosso caminho, com lugares que trazem à tona um intenso sentimento que geralmente não se pode definir de modo algum. Pertence ao domínio do inexprimível, do incomunicável. É algo que absorve todo o ser e deixa uma impressão sutil, misteriosa... O que é isto? É o poder avassalador da beleza? A alma da natureza, que se faz una conosco? A evocação dos tempos? O espírito dos lugares especiais? Todas essas coisas ao mesmo tempo? De qualquer modo, esses momentos ficam impressos na memória como estados excepcionais, estados de percepção, não de uma outra realidade, mas da misteriosa face oculta da realidade. São momentos de intensa plenitude" (SMEDT, 1987: 171).

Pessoas com quem tenho convivido sempre me falaram a respeito de seus lugares prediletos. Para uma delas, é uma montanha da qual pode contemplar uma vista maravilhosa. Para outra, uma região de caça na floresta, na qual ele simplesmente escuta os murmúrios do bosque. Há outro que ama as clareiras das florestas. Na região de Spessart, tive uma experiência numa clareira, na qual, em tempos remotos, havia uma propriedade rural. Eu não conseguia parar de olhar para aquele panorama com sua atmosfera toda especial. Estive também num lugar de poder, em Grossen Walsertal, ao caminhar para uma pousada, através de um estreito vale, numa clareira cercada de rochas íngremes e densas matas. É um lugar místico, com uma misteriosa fonte e uma atmosfera peculiar.

Floresta

As florestas sempre tiveram um efeito especial nos homens. A floresta inspira segurança. Em sonhos, elas representam o inconsciente. Na floresta, entramos em contato com áreas do nosso inconsciente que antes não havíamos notado. As características de cada tipo de floresta nunca deixam de influenciar nossos sentidos. Florestas de faias me dão uma certa impressão de estar numa catedral gótica. Em florestas de carvalhos, sinto que partilho da força das árvores. Florestas de abetos me fascinam com seu perfume peculiar. Mas, de qualquer modo, qualquer floresta me inspira segurança, sempre me faz partilhar de seu mistério, de seu silêncio, inclusive em suas mais remotas profundidades.

Tudo o que um homem vivencia em seu lugar do silêncio tem ligação com as recordações de sua infância. Onde ele tenha, em criança, experimentado um silêncio intenso, lá ele o sentirá também já adulto. Friso Melzer relatou sobre as experiências que ele e sua mãe tiveram na Floresta da Silésia. Quando fizeram uma pausa, num aglomerado de árvores frutíferas, foram tomados de uma sensação de abrigo. E, desde então, o ato de permanecer em meio à mata é para ele uma excelente forma de buscar o silêncio. A recordação daquele contato com o silêncio na floresta o ajuda, mesmo já adulto, a captar o silêncio em meio à turbulência de sua vida diária. Assim escreveu ele: "Estar embrenhado numa floresta é, para um menino, a bem dizer, um primeiro toque do silêncio e, certamente, o silêncio da natureza o absorve e lhe penetra o ser. Depois disso, no decorrer da infância, longe da floresta, sempre que ele desejar sentir o silêncio, nenhum ruído o atrapalhará, pois nenhum fator externo lhe desviará a atenção, no momento em que ele, onde quer que esteja, fizer uma profunda introspecção e, de olhos fechados, penetrar mentalmente no espírito de algum bosque. Nesse estado, ele esquece o mundo à sua volta, e um silêncio radioso o envolve com um eflúvio que vem de longe" (MELZER, 1959: 12).

ÁGUA

Para outras pessoas, ficar sentado à margem de um lago ou rio produz um efeito de calma. Muitas pessoas me disseram que tinham dificuldade na prática da meditação. Quando eu lhes perguntava onde se sentiam tranquilas quando crianças, frequentemente me respondiam que era quando podiam ficar sentadas por longo tempo à margem do Reno, do Meno ou de algum outro rio, e lá ficavam só olhando para a água. Aqui e acolá ia passando uma embarcação, mas, fora isso, só havia a água seguindo calmamente seu curso.

O que vem a ser a calma junto à água? A calma é subitamente inspirada pelo fluxo regular de um rio ou pelo marulhar de um riacho. Mas a água manifesta nitidamente profundos níveis de nossa alma. Não é à toa que a palavra alemã *"Seele"* ("alma") deriva de *"See"* ("mar"). Quando me sento diante do mar e fico a observá-lo, alcanço a paz em minha alma. Nos sonhos, a água costuma representar o inconsciente. Na contemplação da água também atinjo o fundo de meu próprio ser, o fundo de meu inconsciente. E, nisso, a água simboliza o fato de que a minha vida não é seca.

Também fico fascinado quando, numa caminhada, chego à margem de uma lagoa ou lago. Com prazer, sento-me ali e simplesmente olho o movimento da água. É difícil para mim descrever devidamente a fascinação que me toma ao atingir tal estado de serenidade. Tentando uma comparação, posso dizer que um lago em meio ao campo é uma confirmação de que minha vida tem sentido. A tensão se alivia, a rigidez suaviza, e a água que ondeia aqui e ali inspira recolhimento, traz-me a recordação de estar imerso e embalado na água. Talvez seja uma lembrança do período passado no útero materno, quando, de forma análoga, estive recolhido na água.

Hilde Schütte observou como as pessoas olham para um lago. Elas ficam nitidamente fascinadas com aquelas águas serenas, maleáveis, tolerantes, sem pontas ou arestas, isentas de dúvidas. "Quando as pessoas se sentam à beira de um lago, sentam-se diante do elemento da remissão. Mais ou menos como em sonho, ali se torna literalmente tangível o intenso desejo de remover as barreiras que nos confinam. Um olhar para o lago é um olhar para o longínquo horizonte da fraternidade incondicional" (*Stille*, 1976: 12). Assim escreveu Adalbert Stiffer, a respeito de uma sensação de ermo que lhe ocorreu numa escalada a um remoto lago na montanha: "Repetia-se continuamente em mim a ideia de estar vendo como que um misterioso *olho da natureza* a observar-me, densamente escuro, distinguindo-se da *testa* e *sobrancelhas* das rochas e emergindo de entre os *cílios* dos pinheiros" (*Stille*, 1976: 19).

Ao pé de um lago, cada pessoa tem sua experiência própria. É certamente individual o efeito da visão, é o caminhar em contato com a própria alma. O lago olha para mim e me abre os olhos, ao passo que eu olho a fundo para dentro de mim mesmo e lá tomo conhecimento da essência da minha alma.

Tal como o idílio de um lago na montanha, também o mar produz nos homens uma fascinação toda especial. Enquanto estamos sentados numa praia, não cessamos de admirar a imensidão e o poder do mar. É uma visão sublime, quando as ondas tempestuosas se erguem e em seguida quebram de volta; é o mar atiçado partilhando com o observador algo de seu poder gigantesco e avassalador. Há outras pessoas que amam caminhar ao longo de uma praia, parando por instantes, para ouvir o rugido do mar. Para essas pessoas, isto é sossego e terapia. No famoso quadro *Der Mönch am Meer* (O monge à beira do mar), de Caspar David Friedrich, o infinito horizonte do mar se torna visível. O monge da pintura participa dessa eternidade.

Não só o lago e o mar, mas também o rio tem sua fascinação característica. Quando olho para o fluxo de um rio, ocorrem-me diversos pensamentos: tudo fica absorvido. Tudo está no rio, nada posso deter. Mas os problemas também são absorvidos; escoam para longe e evaporam. E me dou conta de que o rio que observo já corre ali há milênios, ele viu e viveu a história, flui continuamente e, no entanto, é sempre o mesmo. Assim o rio me mostra o mistério da minha vida, minha própria história. E o rio continuará quando eu não mais estiver vivo, mas ele é também a promessa do encontro com Deus, a que se destina o meu caminho. O fluxo do rio traz consigo uma aura de serenidade, uma paz que emana da vibração agitada. Assim chego ao silêncio.

Na Bíblia, o Rio Jordão, em particular, possui um profundo significado. João Batista batizou no Jordão. Inúmeros homens carregados de culpa, oprimidos pela vida, vieram a João, para serem batizados. Mergulharam no rio, deixando-se lavar e purificar em seu fluxo, e emergiram do Jordão como renascidos, deixando o peso de suas vidas ser levado na corrente. Quando Jesus mergulhou no Jordão, para ser batizado por João Batista, o céu se abriu sobre Ele e uma voz exclamou: "Tu és o meu Filho amado, de ti eu me agrado" (Mc 1,11). Muitas pessoas que costumam sentar-se ante a correnteza de um rio desejam profundamente, também para si, o que ocorreu no Batismo de Jesus. Enfim, elas querem que a correnteza absorva tudo, que as carregue consigo, querem ser purificadas na água. Querem voltar àquela paz que Deus criou para elas. Anseiam que também sobre elas o céu se abra, anseiam ser amadas incondicionalmente. E querem ir para casa como novas pessoas, revigoradas, purificadas, renovadas pelo Espírito Santo, que, como a água, está sempre fluindo.

Montanha

Para mim, a subida à montanha é um bom caminho para o silêncio. Enquanto subo, não posso falar; fico tão ocupado com minha respiração e transpiração, que tenho que ficar calado. O caminhar calado me proporciona quietude interior. Quando chego à parte mais dura da caminhada, próximo ao pico, sempre tenho uma sensação de liberdade e amplidão. Fico só olhando para a distância. É algo mais que a satisfação de ter realizado um grande esforço. Eu absorvo plenamente a grandiosidade da montanha. Cada montanha tem sua fascinação característica, de cada montanha eu vejo uma paisagem diferente, e cada montanha tem também uma energia toda particular.

Não é sem motivo que a tradição considera sagradas algumas montanhas. Jesus subiu a uma montanha com seus três principais discípulos e lá se revelou diante deles. Na montanha, o mistério de Jesus se tornou claro para eles e lá a glória de Deus brilhou subitamente sobre eles. No vale, eles viam aquela luz ao alto, depois, na montanha, a luz brilhava à sua frente. Não podiam mais negar. A montanha é, portanto, uma promessa de que nossa vida alcançará a clareza, de que algo se revelará, que teremos clareza e nos aproximaremos de Deus.

Foi numa montanha que Jesus proferiu seu grande sermão, o Sermão da Montanha (Mt 5–7). Muito acima do vale, parando a rotina do dia, Jesus ensinou aos homens um caminho para triunfar na vida. Mateus comparou o Sermão à experiência de Moisés no Monte Sinai. No Sinai, Moisés recebeu os Dez Mandamentos como instrução de como obter a liberdade de Deus. No Sermão da Montanha, Jesus mostrou como podemos alcançar a verdadeira liberdade, a liberdade em nós mesmos. A montanha, da qual contemplamos uma extensa paisagem, evoca-nos algo dessa liberdade e nos faz perceber intensamente a proximidade de Deus. Na montanha, os homens se sentem perto de Deus; lá são tocados por um silêncio que eles próprios não podem produzir; vem de fora a seu encontro. Devem apenas manter silêncio, para experimentar o silêncio da montanha.

Nas primeiras férias que passei em Grossen Walsertal, celebrei, para uma quantidade aproximada de 700 pessoas, uma missa campal numa das montanhas dos Alpes, de onde se descortinava uma vista maravilhosa de todo o vale e de muitos cumes. Era um ambiente original para celebrar a Eucaristia. As pessoas não se sentavam apenas em bancos, mas também na grama e em taludes. Fez-me lembrar o Sermão da Montanha. Quando, no encerramento, todos cantamos "Deus eterno, a Vós louvor", os olhos se enchiam de lágrimas. Todos sentiram a sublimidade do lugar. Missas campais na montanha sempre são apreciadas, ao passo que as igrejas costumam ficar vazias. Muitas pessoas se põem a caminho de uma bela paisagem montanhosa, para celebrar um serviço religioso em meio à natureza; lá vivenciam a proximidade de Deus e um silêncio que as fascina. Muitos padres consideram isso um modismo, mas, com certeza, corresponde a um profundo anseio dos homens e é bom quando o realizamos. A natureza, criada por Deus e vivificada pelo Espírito Santo, é um ambiente significativo para a experiência divina. Na Eucaristia, os dons da criação são elevados a Deus, para que seu Espírito os transforme no corpo e sangue de Jesus Cristo. Nessa transformação, fica evidente que toda a criação está saturada do Espírito Divino. A Eucaristia projeta uma nova luz sobre o mistério da criação. Ela é completamente permeada por Cristo. Numa missa campal na montanha, torna-se nítida esta união do Cristo com a criação. Quando nos encontramos com Cristo, nas formas de pão e vinho, durante a comunhão, percebemos que o Espírito de Deus está em tudo que vemos na criação. Na natureza, o Espírito de Deus nos envolve, e a natureza nos convida a nos entregarmos à guarda das boas mãos de Deus. Quando simplesmente nos sentamos num banco e olhamos para a beleza da montanha, sentimo-nos envolvidos pelo amor de Deus, e nosso coração se aquieta. Não devemos tentar produzir o silêncio; ele nos envolve em meio à supremacia do mundo nas alturas. Para muitas pessoas, este é o mais importante meio para alcançar o silêncio e anular a carga do dia a dia.

João da Cruz, o grande místico espanhol, também falou de montanhas sagradas, e falou de sua montanha favorita. Sua fascinação não ocorria apenas quando estava sobre ela, mas também quando a admirava de baixo. O olhar, voltado para as magníficas alturas, dirigia-lhe os sentidos para Deus. Na montanha, ele contemplava a plenitude de seu bem-amado Jesus Cristo, o fundamento de toda a criação.

Todas as culturas têm suas montanhas sagradas; os homens as procuram desde sempre, na busca por um intenso contato com Deus e pela experiência com uma forma especial de silêncio, pois as montanhas consagradas estão sempre envoltas no silêncio.

DESERTO

Há ainda outros ambientes da natureza que proporcionam silêncio. O deserto, com sua imensidão e nudez intermináveis, é um dos domínios do silêncio. Mas não só do silêncio aprazível; muitas vezes chega a ser bastante assustador. Quando nada nos distrai, voltamo-nos para nós mesmos e somos mais fortes. O silêncio do deserto exige que abandonemos nossos rumores internos, que paremos de nos ligar a palavras, músicas ou qualquer tipo de ruído. Só aquele que se dá ao silêncio consegue encarar o deserto. Depois disso, o deserto se torna uma bênção para ele.

Os monges antigos já faziam incursões no deserto, um costume devido a diversas razões. Uma era o fato de que lá eles não eram perturbados nem tinham sua atenção desviada pelas distrações da vida cotidiana. Atualmente, o deserto exerce nos homens um novo tipo de fascinação. Muitas empresas de turismo vêm se especializando em rotas no deserto.

Na Bíblia, o deserto possui um significado peculiar. Atravessando o deserto, Israel chegou à Terra Prometida, à terra da liberdade. O deserto foi, então, para o povo, o lugar de um contato especial com Deus. O Profeta Oseias falou dos tempos no deserto, na época da primeira comunhão de Israel com seu Deus: "Quando Israel era um menino, eu o amei e do Egito chamei o meu filho. Com vínculos humanos eu os atraía, com laços de amor; eu era para eles como quem levanta uma criancinha a seu rosto, eu me inclinava para ele e o alimentava" (Os 11,1.4). Mas o deserto é também o lugar da tentação, o lugar onde o povo murmurou contra Deus e reincidiu no desejo da luxúria egípcia.

Também para Jesus, o deserto foi um lugar de tentação. No deserto, ele próprio experimentou a tentação inerente à humanidade, e a superou. A experiência no deserto o capacitou a falar de Deus com conhecimento e a dedicar-se à sua missão, livrou-o da tentação, para ser útil a Deus e desempenhar-se bem em sua pregação aos homens. Por ter encontrado no deserto a sua própria verdade, Jesus pode também falar do Deus verdadeiro, aquele Deus que nos conduz à verdade e nos liberta de todas as ilusões com que costumamos levar nossas vidas.

Hoje a natureza se tornou, para muitas pessoas, um lugar de encontro com o silêncio, sobretudo em dois sentidos. Um é o fato de ser a natureza um elemento de que dispomos e que nos fascina. A natureza é silenciosa por condição, mesmo quando a cachoeira rumoreja alto. Costumamos nos entregar àquilo que nos circunda. Quando nos deixamos tocar pela beleza da criação, partilhamos de seu silêncio. Há também outra motivação, pela qual as pessoas procuram o silêncio na natureza: a natureza é neutra. Na natureza, eu posso ser como sou. Ali estou incluído, ali faço parte. A vida que capto na natureza está em mim também. A causa de muitas pessoas não encontrarem a paz é sua censura interior. Onde quer que estejam, impõem a si mesmos essa censura interna como uma ordem; avaliam e opinam sobre tudo que pensam e fazem. A natureza não faz avaliações. Quando nos entregamos a ela, a nossa censura interior se desfaz, e nos permitimos simplesmente *ser*. Isto nos torna livres e silenciosos.

3 Sentar - Ficar de pé - Andar

Sentar

Os monges antigos se autodefiniam como "aqueles que se sentam no interior da *kellion* (cela)". Em quase todas as religiões, o ato de sentar é a postura mais adequada à meditação. É uma postura que propicia o sossego. Frequentemente, associa-se o ato de sentar à respiração. Os iogues hindus se sentam sobre uma pedra em meio à natureza e se concentram totalmente na respiração. Não pensam, apenas acompanham o ritmo respiratório. O mesmo acontece na meditação zen, todos os pensamentos são deixados de lado e só a respiração é observada. É um bom caminho para alcançar o silêncio. Nessa prática, não só a postura importa, mas também o lugar, bem como a maneira específica de sentar. Na postura de lótus do zen, eu me sento sobre uma almofada plana e acomodo os pés sob o quadril. Muitas pessoas acham essa postura desconfortável, e assim a meditação não flui. Eu posso meditar em todas as posturas. A bem dizer, trata-se de nos mantermos eretos, sentados sobre nossos próprios ossos, o que nos mantém despertos.

Muitas pessoas que buscam o silêncio ficam fascinadas com a exatidão dos preceitos da tradição zen, referentes aos modos de sentar. No cristianismo, esses escritos precisos são mais escassos. É certo que os monges antigos se autodefiniram como "aqueles que se sentavam na *kellion*", e sentavam-se de um modo correto, mas não há registros de como era esse modo. Há, porém, duas imagens que fornecem algum esclarecimento: o monge pode sentar-se como que montando um tigre, ou como um timoneiro ao leme de um navio. Gosto muito dessas metáforas.

A primeira nos dá a entender que, para alguém atingir o sossego, não basta simplesmente uma postura quieta. Montar um tigre significa dominar as paixões. Preciso subjugar a fera passional que existe em mim, ou seja, só posso sentar tranquilamente sobre ela se a domino e não sou por ela dominado. Portanto, só posso montar tranquilamente sobre o tigre se estabeleço com ele uma relação de fidelidade, se amanso a minha fera interior.

E posso me sentar como um timoneiro. A vida é como uma viagem de navio num mar revolto. Posso me sentar serenamente em meio às ondas da minha vida, sabendo que, com todos os perigos do meu barco da vida, tenho sob mim uma base sólida, na qual posso descansar: o próprio Deus, que me dá estabilidade em meio às ondas. É possível que os monges tenham associado aquela imagem à história da tempestade no lago. O barco com os discípulos era jogado de um lado para outro pelas ondas. Jesus dormia sobre uma almofada, junto à popa da embarcação, sem tomar conhecimento da tormenta, mas, quando os discípulos o despertaram, Ele se ergueu e ordenou à tempestade e ao lago: "Silêncio! Calma! O vento parou e se fez grande calma" (Mc 4,39). Na versão grega, lê-se: "e se fez grande bonança". Lá em nosso íntimo, onde Jesus comanda, podemos vivenciar uma grande bonança em meio às turbulências da nossa vida, um silêncio no qual as aflições se acalmam. Aí somos totalmente nós mesmos, somos plenamente livres.

É bom que procuremos um lugar para sentar em meditação. Eu escolhi, para este fim, um canto específico na minha cela do mosteiro; coloquei um círio ante uma imagem de Cristo, em frente à qual está um pequeno tapete e meu banquinho de meditação. Quando ali me sento, isolo-me da desordem do quarto, dos livros, do computador e de tudo mais que existe lá. Para muitas pessoas, esse lugar especial é alguma acomodação de sua preferência, com vista para a natureza. Para outras, é um determinado canto destinado à meditação, arranjado segundo seus gostos. Algo de especial emana desses pontos localizados. Eu não conseguiria meditar sentado diante da minha escrivaninha; preciso de uma base confortável, num local em que eu não fique sujeito a distrações. Um bom recurso é olhar para a parede, ou para uma imagem, ou cruz, ali pendurada. Precisamos de algo que nos concentre o espírito.

É bom manter uma *regularidade* no exercício da meditação. O melhor horário é de manhã cedo, quando está tudo calmo. Quando medito de manhã, o dia começa bem, tenho a sensação de que eu mesmo estou dando forma ao dia; começo o dia como se ele fosse feito para mim. Em cursos de meditação, muitas pessoas se animam a adotar o horário da manhã para meditar, mas, quando são principiantes, não lhes convém, pois costumam sentir cansaço, ou têm a atenção distraída por alguma coisa, nesse horário. Não é fácil manter diariamente essa disciplina em meio a todos os imprevistos com que lidamos, além do que não se deve tomar a prática da meditação como uma tirania. Graf Dürckheim, a quem muito devo, costumava dizer: Devemos abrir exceção com serenidade num dia em que não nos sintamos em condições de meditar. Isto é melhor do que querermos meditar todo dia e ficarmos constantemente atormentados por uma obrigação autoimposta. A função da regra é facilitar, de modo que não precisemos sempre decidir se vamos meditar ou não.

Em todo caminho espiritual, sempre há fases em que não temos prazer algum em meditar, portanto não devemos nos forçar a meditar a todo custo, mas, pelo contrário, devemos nos perguntar o que essa resistência tem a nos dizer. Devo reduzir minhas expectativas referentes à meditação? Meditação é coisa do dia a dia. Nem sempre eu consigo perceber se algo falhou durante a prática, e isso não tem importância alguma. Eu pratico sem grandes expectativas. Pode ser, também, que a resistência que experimento queira me dizer: "Você se autoimpôs algo a que não se ajusta. Talvez seja melhor você seguir outro caminho para encontrar o silêncio. Talvez você só queira ficar imitando este ou aquele mestre de meditação, mas você precisa encontrar seu próprio caminho. Se o seu caminho é este, siga-o com prazer". É claro que também a disciplina é necessária, mas o fundamental é a alegria da prática.

Muitos autores espirituais recomendam combinar a postura correta com a *respiração consciente*. Posso associar a expiração ao ato de escoar os pensamentos incessantes. Entre expiração e inspiração, há uma fração de segundo na qual não estou expirando nem inspirando. Graf Dürckheim comentou certa vez que esse é o momento mais importante: é como algo entre vida e morte, entre estar prendendo a prática a mim mesmo, ou estar entregue a Deus.

Muitas pessoas, na prática da meditação, fixam-se demais em seu próprio ato e esforço, mas nesses curtos instantes entre expiração e inspiração, nos quais nada acontece, nos quais ocorre um completo silêncio, todos os intentos são abandonados. No momento exato em que não expiro nem inspiro, posso deixar a inspiração simplesmente fluir para dentro; ela se faz por si, não preciso fazê-la acontecer. Posso imaginar como se ela fosse uma brisa fresca sobre mim. Mas também posso associar essa comparação a uma imagem bíblica, como o sopro do Espírito Divino sobre mim, renovando meu ser por completo.

No contexto espiritual, a ideia de *sentar* vai além do significado da *base para meditação*. Neste âmbito, o que diz a Bíblia a respeito pode ser entendido como uma específica "Teologia do Trono". Jesus prometeu a seus discípulos que eles se sentariam em doze tronos (cf. Mt 19,28). Sentar-se é também entronizar-se. O soberano entronizado é uma imagem que reflete a minha soberania sobre mim mesmo, a minha condição de senhor na casa da minha alma, sem sofrer o domínio das paixões ou dos pensamentos. Uma outra circunstância do ato de *sentar* é observada na Bíblia: Jó se senta sobre cinzas e lamenta seu destino (cf. Jó 2,8). A base pode ser também um sinal de tristeza. Eu lamento as falhas da minha vida, não para me fixar nelas, mas de modo que elas me conduzam à realização dos potenciais da minha alma. E a Bíblia também observa o ato de *sentar* como uma expressão da audição. "Maria que, sentada aos pés do Senhor, escutava a sua palavra" (Lc 10,39). Quem se senta tranquilo em sua cadeira ou trono tudo ouve, está aberto às palavras que escuta, à música que lhe penetra o ser. E também está aberto ao silêncio, consegue captá-lo. E, por fim, a Bíblia também observa o ato de *sentar* como uma possibilidade de reflexão. Antes de construir, o homem precisa sentar-se para calcular se tem os meios para concluir a obra (cf. Lc 14,28-30).

Para mim é fundamental assumir a postura correta no serviço de Deus, para ouvir a lição e absorver as palavras com todo o corpo.

DE PÉ

A meditação não se restringe à postura sentada. A Bíblia estabeleceu também teologias específicas da postura de pé e do caminhar. No Antigo Testamento, "ficar de pé diante de Deus" significa estar pronto para seguir o desígnio de Deus para com os homens. Pode o devoto estar de pé ante Deus no santuário, pois Deus o pôs de pé. E Deus sempre nos conduz à retidão, de modo que não vacilemos e possamos nos pôr de pé corretamente (cf. Sl 16,8). "Descarrega o teu fardo sobre o Senhor, e Ele te sustentará" (Sl 55,23).

Mas há também aquela postura de pé vaga, na qual o homem não sabe o que fazer (cf. Mt 20,6). Muitas pessoas não ficam de pé diante de si mesmas, preferem esconder-se diante dos outros. Jesus ordenou a um desses homens que se limitam a não surgir: "Levanta-te e fica de pé aqui no meio" (Lc 6,8). Ele tinha que aprender a postar-se ante si mesmo e manter sua postura na frente dos outros.

Entre os judeus, e também entre os cristãos primitivos, de pé era a postura apropriada para a prece: "o fariseu rezava de pé" (Lc 18,11). "De pé" era a expressão favorita de Paulo. A esse respeito, ele disse que nos firmamos de pé na graça (cf. Rm 5,2) e na fé (cf. Rm 11,20). A alguns homens que disseram que bem poderiam ficar de pé e manter firme esta posição na fé, ele advertiu: "Assim, pois, aquele que acredita estar em pé cuide que não caia" (1Cor 10,12).

A fé se emparelha com o estar de pé, é aprumar-se em Deus, estar enraizado em Deus. Assim como a árvore se firma na terra, tal devemos nos firmar na fé, de modo que não caiamos quando o tormento vier a nosso encontro. Porém, não nos firmamos apenas na fé, mas também no Senhor (cf. 1Ts 1,3). Firmamo-nos numa grande realidade; firmamo-nos sobre uma base que nos sustenta. O firmar-se de pé está sempre associado a uma firme atenção e à prontidão para nos pormos no caminho e estendermos a mão para receber a energia de Deus.

As ideias da *postura de pé* e da *atitude* se associam à do *silêncio*. Torna-se silencioso o homem que se firma de pé e escuta o que soa ao longe. Um exercício muito simples que podemos praticar em meio à confusão do nosso dia é ficar de pé, manter posição e nos perguntar: "O que emerge dentro do meu ser?" Outro exercício muito fácil para o dia a dia consiste em pronunciar de pé frases da Bíblia, como: "Tenho sempre o Senhor ante meus olhos; porque ele está à minha direita, não vacilarei" (Sl 16,8). Enquanto deixo que a palavra me penetre o ser, experimento algo do mistério do estar de pé: posso ficar de pé ante mim mesmo e em mim, e posso responder por mim, porque o próprio Deus me mantém de pé. Deus está de pé à minha frente, para que assim eu também me possa manter. Se me ponho de pé, assim fico. E a postura me traz ao silêncio. Fico de pé para que o silêncio se revele em mim, para, no silêncio, conhecer minha condição de homem e de cristão.

No Novo Testamento, a postura de pé sempre tem algo a ver com a Ressurreição. Jesus ergueu (pôs *de pé*) os homens que estavam vergados ou prostrados ao chão por demônios. Observando um aspecto, para que pudessem ressuscitar com Cristo, os cristãos da Igreja antiga sempre oravam de pé.

Da tradição budista se origina a história dos discípulos que perguntaram ao mestre o que ele fazia quando meditava. Ele respondeu: "Quando me sento, estou sentado; quando fico de pé, estou de pé; quando caminho, estou caminhando; e quando como, estou comendo". Os discípulos ponderaram que isso nada tinha de extraordinário, pois eles também faziam essas coisas. Mas o mestre replicou: "Não; quando vocês se sentam, já estão de pé; quando ficam de pé, já estão caminhando; e quando caminham, já estão pensando na comida". Não é preciso nenhuma via extraordinária para chegar ao silêncio; basta que, ao fazer algo, apenas o façamos, apenas fiquemos sentados, efetivamente fiquemos de pé e, ao caminhar, não pensemos em coisa alguma, a não ser: "Agora estou caminhando".

CAMINHAR

Também a respeito do *caminhar* se encontram na Bíblia muitos esclarecimentos teológicos e espirituais. Nas diversas abordagens em que a Sagrada Escritura menciona "caminhar" e "andar", o emprego da palavra revela uma significação muito precisa, talvez mesmo uma teologia estabelecida. Muitas são as abordagens que citam as atitudes que podemos adotar para caminhar. Podemos andar na Lei do Senhor (cf. Ex 16,4), andar no caminho do Senhor (cf. Dt 8,6). Em vez de andar no pecado (cf. 1Rs 16,31) e nas trevas (cf. Jó 29,3), devemos andar na luz (cf. Jó 24,13; Is 9,1). Devemos caminhar humildemente ante nosso Deus (cf. Mq 6,8), ou, como disse Paulo, andar "numa vida nova" (Rm 6,4), andar "segundo o amor" (Rm 14,15), por fé (cf. 2Cor 5,7), no Espírito (cf. Gl 5,16) e na verdade, conforme enunciado na Segunda Carta de João (cf. 2Jo 1,4). "Caminhar" e "andar" aqui significam, especificamente, viver, mas não é simples defini-los através da palavra "vida". Não se pode separar a palavra da imagem e, sem imagem, não se percebe a realidade.

Observando de outro ângulo, notamos, nas combinações de palavras, as expressões "com" e "diante". Enoc andou *com* Deus (cf. Gn 5,24). Deus surgiu *ante* Abraão e lhe disse: "Eu sou o Deus Todo-poderoso; anda em minha presença e sê perfeito!" (Gn 17,1). Viver com Deus, viver sob sua Lei, são conceitos aqui revestidos da ideia de "caminhar diante dele". Abraão sabia que, em todas as suas andanças, o Senhor estava com ele. Caminhar diante de Javé significa, então, andar consciente do Deus vivo, estar perto de Deus, com atenção em tudo que se faz. Caminhar ante Deus com todo o coração (cf. 1Rs 8,23) significa ser guiado em todos os caminhos por Deus, e viver segundo a sua vontade.

Aonde o nosso caminho nos leva? Leva-nos à casa do Senhor, ao Pai. Assim orou o peregrino, próximo a Jerusalém: "Alegrei-me, quando me disseram: 'Vamos à casa do Senhor'" (Sl 122,1). E, no exílio, ele se lembrou de sua peregrinação a Jerusalém: "Para desabafo de minha alma, recordo outros tempos, quando andava entre a multidão, peregrinando à casa de Deus, entre gritos de alegria e de louvor da multidão em festa" (Sl 42,5). Diz o Eclesiastes: "Então o ser humano seguirá para a morada eterna" (Ecl 12,5). A meta do caminhar é sempre a morada, é residir com Deus.

Quando caminhamos conscientes, podemos realizar todas essas experiências das quais fala a Bíblia. Constatamos que, com cada palavra, libertamo-nos de nossas dependências, que, a cada passo, progredimos e nos transformamos, e que, a cada passo que damos, mais nos aproximamos de Deus. Basta que estejamos totalmente concentrados no caminhar, para que o mistério do andar se revele a nós. Assim como as "frases para meditação de pé" são úteis (cf. p. 36), também pode ser uma boa ajuda pronunciar algumas "frases para meditação andando" da Bíblia. Quando caminhamos pronunciando passagens, como: "Alargaste os meus passos e meus tornozelos não vacilaram" (Sl 18,37), nosso caminhar se transforma. Andamos mais leve, pressentimos qualquer coisa de redenção e libertação. Enquanto estamos nesse caminhar transformado, *nós nos transmutamos*, alcançamos mais liberdade e plenitude. A palavra torna correto o nosso andar e nos leva à retidão. Traz o corpo e a alma ao estado de equilíbrio.

Quando formos caminhar acompanhados de "frases para meditação andando" extraídas dos salmos, deveremos, primordialmente, absorver verdadeiramente o sentido e a vivência dessas palavras. Aquele que caminhar pronunciando simplesmente: "Aonde irei para estar longe do teu Espírito" (Sl 139,7), ou "Contigo enfrento exércitos, com o meu Deus salto muralhas" (Sl 18,30), ou "Lâmpada para os meus passos é a tua palavra" (Sl 119,105), poderá absorver o que, em tempos idos, foi absorvido pelo salmista. Todas essas frases foram escritas com base na experiência e querem nos transmitir experiência. Mas só começamos a entrar efetivamente na experiência ao fazermos o que fez o salmista: sair e caminhar. Não é preciso meditar na frase enquanto caminhamos, basta repeti-la sem expectativas de conhecer algo novo, sem achar que precisamos sentir qualquer coisa. Seguimos com a frase na esperança de que, durante a caminhada, ela nos penetre o ser, de que nela penetremos, que ingressemos no espírito e na experiência da palavra.

Na tradição espiritual, o caminhar sempre foi tido como um importante meio para alcançar o silêncio. Na Antiguidade já se faziam peregrinações a lugares sagrados. Sempre houve entre os homens o costume de sair a caminho para afastar-se do ritmo comum da vida e realizar a experiência do lugar sagrado. Os primeiros cristãos viam em Abraão – que se afastou da pátria, da cidade natal e da terra – o arquétipo do peregrino. Os primeiros cristãos também se viam a si mesmos essencialmente como peregrinos, que se desligavam de todas as dependências, de todo apego ao passado e ao mundo visível, para seguir, na fé, o caminho até Deus.

Assim como os cristãos antigos, Abraão via a ida a terras distantes como um caminho para a liberdade interior, conforme, de modo análogo, o filósofo religioso dinamarquês Sören Kierkegaard entendeu o efeito libertador do caminhar. Ele comentou, certa vez, que não conhecia nenhum tipo de aflição da qual não pudesse libertar-se caminhando. Ao caminhar, podemos deixar muita coisa para trás. Caminhando, livramo-nos de todas as dependências, de tudo que nos aprisiona. E o caminhar flui, não nos retemos, caminhamos sempre adiante. É um reflexo intrínseco da vida: nossa vida é um caminho. É claro que podemos fazer pausas no meio do caminho, mas sempre teremos que prosseguir. Não podemos retroceder a meio caminho. O caminho nos conduz, por fim, para além deste mundo. "Para onde vamos? – Sempre para casa", disse Novalis (em seu romance *Heinrich von Ofterdingen*, 1802). Ao andar, sempre estamos num *caminho de casa* e, por fim, no caminho do Lar Eterno.

Andar tem a ver com *transformar*. Andando nos transformamos. Ultimamente, esta propriedade de purificar e sossegar, que a caminhada proporciona, tem sido redescoberta por muitas pessoas. Elas seguem as numerosas rotas de peregrinação, hoje disponíveis. A mais procurada é a Via de Santiago de Compostela. Muitos buscadores espirituais abraçam a esperança de que essa rota lhes dê algo mais ao espírito, que os torne mais livres dos fardos que carregam. O caminho é penoso, o peregrino corre risco e, assim, não sabe se bastará seu controle físico para dominar o trajeto. No entanto, ele se lança, pois anseia por evadir-se do dia a dia para ir ao encontro de sua verdadeira personalidade, porque quer livrar-se do peso da rotina que o arrasta, e porque precisa purificar-se interiormente.

Mas o Caminho de Santiago não é o único que voltou a ter procura. Muitas outras rotas têm sido novamente procuradas pelas pessoas, tal como antigamente; por exemplo, a rota de Kreuzberg e regiões de caminhada como Amorbach, Gössweinstein, Vierzehnheiligen, Altötting e Kevelaer. Caminhar em grupo e, em meio ao caminho, rezar continuamente o rosário tem um grande efeito calmante. Um homem, que antes mal frequentava a igreja, confidenciou-me: "Na peregrinação é preciso rezar o rosário. Assim me recupero melhor que em férias".

Portanto, quando seguimos por uma longa rota de peregrinação, podemos vivenciar um profundo silêncio na região por onde passa o nosso caminho, como se não caminhássemos e estivéssemos sentados num santuário de peregrinos. A muitos de nós a caminhada proporcionou paz, e agora podemos vivenciar o recolhimento e o silêncio do santuário. Apenas nos sentamos lá, e já nos sentimos acolhidos, chegados em casa. Não é sem motivo que muitas regiões de peregrinação possuem a qualidade do que é maternal, do protetor. Maria é o eterno arquétipo da maternidade, a cujos braços amorosos Deus nos entrega. No decorrer da longa caminhada, na qual ficam expostos ao sol, vento e chuva, os peregrinos podem experienciar, no santuário de Maria, o calor e o acolhimento do amor de Deus em seu aspecto maternal, que emana do estilo da igreja, da imagem de Maria e das muitas velas que ardem no ambiente, emanando um calor cheio de espírito.

4 Meditatio - ruminatio - contemplatio

Meditatio

Ao descrever a seguir as formas clássicas de meditação, tal como praticadas pelos primeiros monges cristãos e desenvolvidas no período estimado entre os anos 300 e 600 d.C., não tenho intenção alguma de exortar a leitora e o leitor a praticar categoricamente estas formas. Mas é de grande ajuda saber como a tradição entende a meditação e que experiências produziu neste âmbito. Os caminhos de meditação que os cristãos seguiram desde o século III são praticáveis ainda hoje. A variedade das formas desenvolvidas e praticadas é uma indicação e um estímulo para que cada um procure e encontre seu próprio caminho de meditação.

Os monges antigos não inventaram a meditação, mas provavelmente absorveram, de círculos sacerdotais egípcios, ensinamentos que remontam ao filósofo grego Pitágoras. Há, indiscutivelmente, em todas as religiões, formas similares de meditação, conforme suas respectivas características religiosas. Amplamente difundida é a forma da "Prece Mântrica", que compreende a fusão da respiração com uma palavra. No budismo e no hinduísmo, a palavra "OM" funde-se à respiração. Os monges cristãos antigos "batizaram" este modo de meditação universalmente difundido, ao fazer a fusão da respiração com palavras da Bíblia.

Ruminatio

Os monges dão ao seu modo de meditar o nome de *"ruminatio"*, ou seja, ruminação. Unindo a respiração à Palavra de Deus, em repetição constante, eles podem absorvê-la, cada vez mais a fundo, tanto consciente quanto inconscientemente. Tal como uma vaca que, ao regurgitar o alimento, sente bem-estar nas vísceras, assim o monge, pela repetição da Palavra de Deus, sente-se cheio da alegria divina. Os monges antigos davam mesmo a entender que a permanente repetição da Palavra de Deus transforma inclusive o corpo físico, proporcionando-lhe uma outra aparência e uma sensação de conforto.

Há dois caminhos distintos para a prática da *ruminatio*: o método da "reação" e o da "afirmação".

O método da "reação"

O método da "reação" foi explicado por Evágrio Pôntico, o mais importante monge escritor do século IV. É o método do contra-argumento. Evágrio o chamou de "Método de Jesus", que, ao ser tentado pelo diabo, sempre replicava com palavras das Escrituras. Mais adiante, ele o assinalou como "Método de Davi", que sentiu a alma como que dividida em duas partes, e assim disse a si mesmo: "Por que estás abatida, ó minha alma, e gemes por mim? Espera em Deus, pois eu de novo celebrarei meu Salvador!" (Sl 42,6). No método do contra-argumento não ocorre simplesmente a expulsão dos pensamentos negativos. Na verdade, eu deixo que todos os pensamentos se manifestem e os observo; no entanto, não lhes dou atenção, mas respondo com uma palavra das Escrituras, de modo a penetrar e transformar minhas emoções.

Evágrio enumerou cerca de 600 pensamentos capazes de adoecer o homem e obstruir suas aspirações espirituais. São os chamados *argumentos negativos*, tais como: "Ninguém me suporta. Ninguém se importa comigo. Nada tem sentido. É tudo tão difícil. Não posso mais. Tenho medo. Outros pensam isso ou aquilo de mim". A psicologia moderna chama esses *argumentos* de "*scripts* da vida". O "*script* da derrota" declara coisas como: "Comigo tudo anda torto. Nunca vou chegar a nada. Sempre tenho má sorte". É evidente que nós, através desses argumentos negativos, prejudicamo-nos, pois as palavras moldam nossos pensamentos e sentimentos. Um modo de combater essas expressões negativas é pronunciarmos com frequência passagens das Escrituras. Quando deixamos que trechos das Escrituras nos penetrem o espírito, elas nos podem preencher com o Espírito de Jesus. Por exemplo, quando sinto medo, respondo a ele com este verso do Sl 118, 6: "O Senhor está a meu favor: nada temo. Que mal poderá alguém me fazer?" Isto não significa que o medo será expulso. Todos nós temos, ao mesmo tempo, medo e fé, e frequentemente nos fixamos em nossos medos, que, portanto, sempre se intensificam. Mas a palavra da Escritura me devolve a paz, com a fé que reside no fundo de minha alma. Não sou eu que me imponho a fé, e sim a palavra da Bíblia que em mim ativa a fé.

Enfim, trata-se de um método terapêutico, desenvolvido por Evágrio. Para ele, as palavras da Bíblia são, todas elas, palavras de cura, palavras capazes de curar as feridas. As palavras da Bíblia emudecem as muitas palavras humanas que trazem desassossego interior e, muitas vezes, nos dilaceram. A Palavra de Deus, que Evágrio uniu à respiração e deixou penetrar-lhe profundamente o corpo, enlaçou-lhe o espírito e trouxe-lhe paz também ao corpo.

O MÉTODO DA "AFIRMAÇÃO"

O outro método é o chamado método da "afirmação", em cuja prática nos fixamos, em todas as situações, numa única frase, ou mesmo numa palavra. No Ocidente, Cassiano recomendava, mais que todas, esta passagem: "Apressa-te, ó Deus, em me livrar; Senhor, apressa-te em socorrer-me" (Sl 70,2). Ele descreveu como esta palavra afugenta toda inquietação, vence o inimigo da alma e une o espírito do homem a Deus. Sim, a repetição constante nos leva às máximas alturas da contemplação. Desde o século IV, a chamada "Prece de Jesus", de origem oriental, tem sido sempre preferida, também no Ocidente. Consiste em pronunciar, tão frequentemente quanto possível: "Senhor Jesus Cristo, Filho de Deus, compadece-te de mim", unindo a palavra ao ritmo respiratório. Ao inspirarmos, dizemos: "Senhor Jesus Cristo", e na expiração: "Filho de Deus, compadece-te de mim!". Pode-se também reduzir a prece e dizer "Jesus", ao inspirar, e "compadece-te", ao expirar. O modo mais reduzido consiste em unir à respiração apenas o nome de Jesus. Não há necessidade de fixar o pensamento em Jesus ou na Prece de Jesus; é o Espírito de Jesus que permeará cada vez mais a alma daquele que reza. Os antigos viam na Prece de Jesus a síntese de todo o Evangelho, e nela encontravam estampada a fé na conversão e na salvação da humanidade. Eles também chamavam esta prece de "Prece do Coração", porque, no ato da inspiração, deve-se induzir a entrada de Jesus no coração, enchendo-o de calor e amor, e, ao expirar, deve-se induzir que o amor de Jesus permeia todo o corpo, fluindo, sobretudo, pelas regiões mais ocultas e desconhecidas do corpo e da alma, curando-as e transformando-as.

A meditação na Prece de Jesus foi maravilhosamente descrita por um peregrino russo, no clássico *Relatos de um peregrino russo*. Ele se exercitou na Prece de Jesus, até que ela passasse a soar por si só em seu íntimo. A cada movimento respiratório, ele pronunciou as palavras; não precisou, em absoluto, pensar nelas; elas repercutiam, por si, em seu ser. Se lemos essas narrativas, vêm-nos a impressão de que ele esteve, em toda plenitude, preenchido pelo amor e pela ternura de Jesus.

A Prece de Jesus é também meu caminho pessoal de meditação. Tenho fé em que, por meio desta prece, eu seja cada vez mais permeado pelo Espírito de Jesus. Quando leio narrativas de *starets* (padres confessores e educadores espirituais de jovens monges, na Rússia), sinto o afeto e o amor que emana de seu conteúdo. Sem dúvida, esses monges foram permeados pelo Espírito de Jesus a tal ponto que se tornaram uma fonte de salvação e bênção para os habitantes de suas vizinhanças. Quando me exercito na Prece de Jesus, também viso esta meta. Sento-me em minha almofada de oração, diante de meu ícone de Cristo, acomodo as mãos sobre o peito e concateno a Prece de Jesus ao fluxo da respiração, assumindo, ao inspirar, a entrada de Cristo em meu coração, enchendo-o de calor e amor. Na expiração, deixo que este amor caloroso permeie todo o corpo, de modo que todo o meu ser seja penetrado e transformado pelo Espírito e pela luz do Cristo.

Há dois modos em que posso rezar a Prece de Jesus. No primeiro, pronuncio a prece na plenitude dos sentimentos e emoções, o que me possibilita trazer à tona minhas raivas, invejas, medos e depressões. Eu não os expulso nem luto contra eles, na verdade olho-os de frente, sem, no entanto, pensar a seu respeito. O que faço é pronunciar, a cada exalação, a Prece de Jesus, na fé de que os sentimentos conturbados transmutarão lentamente e que logo o sossego e a paz emergirão da raiva, e eu alcançarei o pleno silêncio. Este método é aconselhável para o início da meditação. Não me ponho sob pressão, tendo que me concentrar totalmente na palavra, sem me permitir pensar em nenhuma outra coisa. E este exercício é bom quando estou mesmo com raiva de alguém, ou quando estou em conflito. É um caminho cauteloso para o sossego. Muitas pessoas pretendem expulsar ou reprimir à força seus sentimentos negativos, porém quanto mais força gastam contra o medo, a inveja ou a raiva, mais força estão dando a essas emoções. Em tais condições, o silêncio pode ser, quando muito, vivenciado sob tensão, mas não será mantido. A Prece de Jesus, porém, não reprime coisa alguma; eu observo tudo que está em mim, tudo é permitido. Em pleno caos interior, eu pronuncio a Prece de Jesus, com a certeza de que ela está curando meu conflito interno.

No segundo modo de praticar a Prece de Jesus, eu não observo meus pensamentos e sentimentos, e sim ligo meu espírito à prece e deixo que a respiração e a palavra me conduzam internamente ao silêncio, mantendo afetuosa atenção na prece e ligando-a ao meu anseio pela minha união com Jesus Cristo; assim a palavra me acompanha aos domínios sem palavras do mistério de Deus. A palavra tem em si as portas que levam ao mistério silencioso de Deus. O espaço desse mistério não é vazio, e sim cheio do silêncio de Jesus, do seu amor e compaixão, de sua amizade e bondade para com os homens.

Quando vivencio esse espaço, é só por um instante; logo o desassossego toma conta do meu coração. Porém, naquele instante, sinto-me saudável e plenamente salvo, acolhido e amado. Naquele instante, mergulho no amor de Jesus Cristo; naquele instante, eu constato: "Deus é suficiente". Momentos depois, eu posso, certamente, continuar dizendo esta frase, mas ela não está mais no coração; eu a pronuncio só na mente. No entanto, a Prece de Jesus me conduz sempre de volta à experiência do silêncio, e lá, onde sou um com Deus, com Jesus Cristo e com o Espírito Santo, lá alcanço meu objetivo. Lá também sou um comigo mesmo, de bem com a vida, cheio de amor e compaixão.

A tradição cristã apresenta duas imagens para ajudar a não prender a atenção aos pensamentos. Uma delas se origina do escrito de um dominicano inglês do século XIV, intitulado *A nuvem do não saber*. Assim como a nuvem simplesmente passa, eu posso deixar que os pensamentos passem, sem prestar atenção a eles. Se me assento firme na terra e me ancoro em Deus, os pensamentos dispersivos não podem me afastar do sossego. A outra imagem é o mar. Na superfície, o mar é inquieto, com as ondas vagando lá e cá; mas, no fundo, ele é plenamente sereno. Lá não há vestígios das ondas oscilantes. A inquietação também reside em nossa mente, que vive cheia de pensamentos, mas, na meditação, avanço cada vez mais fundo em meu ser. Na meditação não preciso expulsar todos os pensamentos, nem me concentrar no silêncio; trata-se, na verdade, de um caminho que leva às profundezas do ser, onde tudo já é silencioso.

Muitas pessoas desejam seguir Jesus e viver segundo suas palavras, mas, quando nossa motivação se limita ao desejo, tendemos a empacar num dilema. Queremos nos espelhar no Espírito de Jesus, mas nosso inconsciente costuma ter mais força que a intenção. A Prece de Jesus pode ajudar, fazendo com que o Espírito de Jesus possa emergir das profundezas de nossa alma. Assim podemos nos espelhar, de dentro para fora, no Espírito de Jesus e segundo Ele atuar e falar. Eu tenho a impressão de que todos os atos dos peregrinos russos espelham a compaixão de Jesus. Pratico a Prece de Jesus também no anseio de me tornar totalmente permeável por Jesus Cristo; não importa o meu grau de avanço no caminho espiritual, não preciso avaliar as minhas condições. Está estabelecido que Cristo reside em mim e brilha através de mim. São Paulo comprova que realizou essa experiência, quando diz: "Já não sou eu quem vivo, mas Cristo que vive em mim" (Gl 2,20). E, a partir daí, entendemos o que ele quis dizer, nos termos: "Pois para mim a vida é Cristo e a morte, lucro" (Fl 1,21).

CONTEMPLATIO

A *ruminatio* é o caminho habitual da meditação cristã. Martinho Lutero chegou a conhecê-lo; recomendou a reiteração da Palavra de Deus, de modo a fixá-la cada vez mais em nós. Hoje o método de ligar a respiração a uma expressão é também designado como *contemplação*. A meditação cristã difere da meditação zen pelo fato de ligar a respiração a uma expressão da Bíblia ou da Tradição cristã. Mas, na Tradição, o conceito de *contemplação* foi aplicado a um outro contexto: o da diferença entre ação e contemplação.

Entende-se, neste caso, a contemplação como uma vida mais dedicada à prece e ao silêncio. Marta e Maria, no Evangelho de Lucas, são um exemplo básico de ação e contemplação (cf. Lc 10,38-42). Marta é a imagem da mulher ativa; ela faz o que é para fazer. Maria, ao contrário, senta-se aos pés de Jesus e apenas escuta o que Ele tem a dizer. Essas duas mulheres representam os dois lados, ativo e contemplativo, que todos nós possuímos. Aparentemente, o comportamento de Marta é o melhor; ela faz o que é importante e o que ajuda às pessoas. Maria nada tem a mostrar. Ela apenas senta-se ali e ouve. A natureza de Maria em nosso íntimo também costuma ser dominada pela ativa Marta, e por isso Jesus opta por Maria. Ele quer que Maria se fortaleça em nós, tal que ela viva o lado contemplativo em comunhão com Marta e, sem deixar a contemplação, faça o que é devido. Se reprimimos a Maria que existe em nós, geralmente nos tornamos tão incisivos quanto Marta em nossas atitudes para com os outros, e nos sentimos exauridos. Tais sensações são sempre um sinal de que devemos dar liberdade à Maria que vive em nós. Devemos ouvir o que realmente é necessário aos outros e o que Deus realmente quer de nós.

Contemplação é o mesmo que observação e alude a uma vivência espiritual em que nos tornamos um com Deus. Na contemplação não há necessidade de visões, e sim de um olhar voltado ao fundo. Não vejo formas definidas, mas olho para além das formas e vejo o fundo. Ainda que muita coisa esteja turva em minha mente, a contemplação me proporciona clareza interior, de tal forma que no fundo tudo fica nítido e lá estou de acordo com tudo o que há. Portanto, a contemplação é sempre uma concordância com a existência. Lá nas profundezas, por baixo das turbulências e contrariedades deste mundo, eu sou uno com o fundamento de toda existência, com Deus.

Evágrio Pôntico falou detalhadamente da contemplação. Para ele, a contemplação é a meta de toda vida e a perfeição da prece. Frequentemente, as preces começam a partir de aflições, ou uma meditação em Deus, ou belas imagens, ou sentimentos por Deus. A contemplação, no entanto, significa deixarmos fluir todos os pensamentos sobre Deus, todas as imagens de Deus e todos os sentimentos com que nos ligamos a Deus. Caso contrário, prendemos-nos rigidamente aos pensamentos, imagens ou sentimentos, ou escolhemos – segundo uma metáfora de Evágrio – a fumaça em vez do fogo. Na contemplação, porém, unificamo-nos com o fogo, tornarmo-nos o próprio fogo. Muitos patriarcas, bem como alguns monges antigos – quando oravam sós e não observados em suas celas – tornaram-se fogo pleno; às vezes emanavam luz de si, às vezes suas mãos, elevadas na prece, flamejavam.

Evágrio enumerou diversos estágios da contemplação. O primeiro é a contemplação da natureza (*theoria physike*), que vem a ser uma profunda incursão nas formas, na ordem do universo, nos símbolos da natureza, mas também no sentido profundo da Sagrada Escritura. O segundo estágio é a contemplação de Deus, ou também a contemplação da Santíssima Trindade. Este "modo elevado de contemplação traz sempre consigo profunda paz e sossego, não conhece a frustração, mas somente a tranquilidade do domínio próprio" (BAMBERGER, 1986: 18). Esta forma de contemplação leva à simplicidade, o homem adquire clareza e se torna simples, o que também significa que se torna moralmente puro. Portanto, esta contemplação também conduz, com certeza, a um consciente desligamento das emoções, das paixões e dos demônios. Por fim, a contemplação também é um presente de Deus, que nenhum poder humano pode obter. O homem pode colaborar para tal, enquanto esvazia a mente, de modo a ficar preenchido por Deus.

Evágrio não descreveu propriamente a natureza da contemplação, mas falou dos estados de alma que a acompanham. O conhecimento de Deus intensifica a luz que brilha na alma. "Se um homem se afastou dos homens antigos e se aproximou de uma nova humanidade, que é uma criação do amor, ele conhecerá imediatamente o espírito da prece, seu estado de alma será semelhante à safira, que brilha claro e reluzente como o céu. Com a expressão 'lugar de Deus', a Escritura indica precisamente esta experiência" (BAMBERGER, 1986: 19s.). A própria alma é esse "lugar", no qual o homem pode conhecer a Deus. Ele não pode olhar diretamente para Deus, mas "como num espelho, assim Ele reluz sobre a alma" (BAMBERGER, 1986: 20).

Para Evágrio, a contemplação é a meta da vida humana e, sobretudo, é também a meta de todo caminho espiritual. Só pela contemplação – disse ele – pode o homem ter plena sanidade interior. Ele pode, certamente, observar suas paixões e emoções e lutar com elas, mas, na contemplação, ele fica logo totalmente curado e, assim sendo, não é só a Deus que o homem conhece, mas também a si próprio, em sua simplicidade e totalidade, em sua clareza e integridade internas. Percebe-se, nos escritos de Evágrio, o anseio pela contemplação e também suas experiências, que o conduziram à sua imagem otimista quanto à humanidade, uma imagem segundo a qual o mais alto desígnio do homem consiste em, na contemplação, unificar-se com o Deus imortal, com o Deus da Trindade, com o Deus que está aberto a nós, cuja natureza é o amor puro.

5 Meditação nas imagens bíblicas

O método usual de meditação na vida monástica é a prece mântrica, ou a *ruminatio*, ligando a respiração à palavra, mas a tradição cristã compreende também outras formas de meditação. Ao meditarmos sobre uma imagem bíblica, formamos um quadro cada vez mais intenso da mesma, até que a absorvemos como realidade interna. Para os afeitos à estética, ou *pessoas de natureza contemplativa*, o ato de absorver interiormente essas imagens é um caminho direto e apropriado para encontrar a paz e alcançar o silêncio. As imagens nos levam ao contato com nosso verdadeiro modo de ser. Quando, através da imagem, harmonizamo-nos com nós mesmos, tornamo-nos sossegados e silenciosos.

A palavra alemã *"Einbildung"* tem um sentido negativo, associado à *presunção*, mas também uma conotação positiva associada à *interiorização* das imagens. Todo homem traz consigo imagens que interiorizou. Para o filósofo grego Platão, a educação existe para que o homem possa interiorizar a imagem divina. Só assim o homem se torna realmente um ser humano. Um homem educado não é aquele que muito sabe, e sim aquele que absorveu boas imagens. A mística alemã adotou esta concepção, nos termos: Cristo é a imagem verdadeira de Deus, o retrato visível do Deus invisível. O homem se torna realmente humano quando absorve em si a imagem de Cristo. A este respeito, o Mestre Eckhart disse que absorvemos o Cristo em nós e devemos refleti-lo externamente enquanto seu Espírito se manifesta em nossas palavras e atos, podendo, assim, tornar-se visível.

O propósito da espiritualidade cristã é nos ilustrarmos interiormente com as imagens da Bíblia, tal que, através delas, possamos revelar nossa imagem original e não adulterada, dada por Deus a cada um de nós. A psicologia de C.G. Jung fala de imagens arquetípicas que geram efeitos na alma humana, que a posicionam em seu cerne. As imagens bíblicas, que, durante a meditação, incorporamos, levam-nos ao contato com este cerne do nosso caráter verdadeiro, com nosso eu original, com a imagem que Deus nos deu e que nos libertam das máscaras que nós próprios adotamos, ou daquelas através das quais outras pessoas nos observam.

A medicina alternativa hoje trabalha com o método da imaginação. Para combater as autoimagens frequentemente negativas, os enfermos devem formar, a respeito de si mesmos, imagens positivas. Mesmo tendo um poder de cura, algumas imagens utilizadas pela medicina alternativa têm um aspecto artificial, ao forjar a ideia de uma fonte de luz que dissipa toda obscuridade. A Bíblia, no entanto, oferece-nos uma gama total de imagens curativas. Não precisamos criar as imagens, pois a Bíblia e a tradição espiritual as oferecem a nós já prontas. Quando incorporamos tais imagens, entramos em contato com o âmago de nossa personalidade, entramos em harmonia com nós mesmos e alcançamos o silêncio interior.

Uma dessas imagens curativas é o *templo*. João narrou como Jesus pôs para fora do templo os mercadores, os cambistas, os bois, as ovelhas e as pombas (cf. Jo 2,13-22). Esta imagem também pode referir-se a nós: sentimo-nos frequentemente como se fôssemos estabelecimentos mercantis, com os pensamentos do comerciante a zunir na mente: "Qual é o meu valor de câmbio no mercado aberto? E o de compra? Que fazer para alterar meu valor?" E esses pensamentos são obsessivos, são pensamentos e mais pensamentos superficiais, voando para lá e para cá como pombos. Ao nos ligarmos à imagem, não precisamos fixar nela o pensamento; na verdade, coloco-me à disposição para que, no ato da inalação, Cristo entre no meu "estabelecimento mercantil" e, ao soltar o ar, Ele expulse de mim tudo o que perturba minha paz interior. Depois de incorporar esta imagem por longo espaço de tempo, sinto-me outro. Fico interiormente amplo, sinto em meu ser uma profunda paz e a compaixão divina, com a qual Cristo me preenche a alma. Eu próprio sou o templo de Deus. Através desta imagem, eu descubro meu ser verdadeiro e paro de me depreciar. Não tenho mais que suportar meu caos interno; não preciso mais enrijecer nem tensionar as costas, pois tenho poder para reunir tudo o que esteja disperso em meu ser.

Quando incorporo em mim a imagem do templo, vivencio uma amplitude, uma beleza e uma liberdade internas. Posso visualizar de duas maneiras a entrada de Jesus em meu templo. Numa delas, como na história da Bíblia, Cristo expurga de mim tudo o que não pertence ao meu ser. A outra imagem se encontra em capitéis de igrejas romanas e góticas, onde feras selvagens são retratadas como domesticadas e louvando a Deus com sua força. Quando visualizo esta imagem, assim se define a situação: Eu não posso, de modo algum, jogar tudo para fora de mim; quando o Espírito do Cristo vai até as feras que existem em mim, elas se transformam, passam a adornar o templo e a louvar a Deus em mim. Esta visualização é uma imagem da integração, e não da divisão. Ambas as imagens são legítimas. Muitas coisas devem ser expurgadas por Cristo, pois confundem a ordem doméstica em nosso ser. Outras coisas devem ser transformadas.

Outra imagem curativa é a da *sarça ardente*. Moisés reconheceu, na sarça, uma imagem de sua situação: incapacitado, em lugar longínquo, no deserto, inútil para Deus. Nesta imagem podemos reconhecer a nós mesmos; somos a sarça: vazios, consumidos, secos, sem valor. Porém, assim mesmo como somos, o esplendor de Deus brilha sobre nós. Podemos, portanto, aceitar nossa realidade como ela é, na certeza de que, mesmo em nossa vacuidade, sentimos a luz de Deus a nos iluminar. Esta imagem também pode ser ligada à respiração: ao respirar, idealizo que a luz de Deus, o fogo de Deus, invade-me, cumulando-me todo de luz e chamas. A sarça arde sem se queimar, o que significa que eu continuo totalmente o mesmo, com minha fraqueza, minha confusão, minha condição de homem comum. Nada preciso fazer comigo, posso continuar sendo como sou. Esta imagem me liberta de toda aflição de ter que me transformar e me conduz direto ao sossego interior.

Ainda outra imagem é o *nascimento de Jesus no estábulo*. No estábulo do nosso coração, nasce o Menino Jesus. Ao incorporarmos esta imagem, sentimos a paz e o silêncio que dela emanam, e entramos em contato com a imagem original que Deus nos deu, à sua semelhança. Segundo C.G. Jung, o homem deve sempre proferir reiteradamente que ele é o estábulo onde Deus nasceu. Podemos, então, trazer Deus a tudo o que há em nós, crendo que Deus nasce em nossa realidade, tal como ela é, e que, assim, Ele renova tudo em nós.

A *fonte que brota em nós* também é uma imagem bíblica curativa: em nós reside a fonte do Espírito Santo. Também podemos ligar esta imagem à respiração: na expiração, é como se removêssemos o revestimento que veda nossa fonte interior, atingindo, assim, o fundo de nossa alma, onde jorra a inesgotável fonte de Deus. Quando bebemos dessa fonte, tudo em nós vivifica e torna-se ameno, e nada escoará de nós, porque a fonte divina é inesgotável. No ato da inalação, podemos idealizar que o fluxo da fonte penetra todo o corpo, refrigerando-o e preenchendo-o com o Espírito de Deus.

Outra imagem representativa do Espírito Santo é a *chama*. Segundo Henry Nouwen, costumamos ficar consumidos interiormente porque deixamos aberta a porta do nosso "forno". A meditação significa fechar a porta e prestar atenção por dentro. Então, lá no fundo da alma, o Espírito Santo passa a *arder*, aquecendo-me com amor. Posso imaginar esta ardência permeando com calor e amor tudo o que está frio, endurecido, exaurido e vazio em mim. Imediatamente, sinto-me outra vez cheio de vida, todo fogo e vigor.

A imagem pode ser ligada tanto à respiração quanto a uma palavra. Por exemplo, enquanto pronuncio a Prece de Jesus, posso ao mesmo tempo imaginar que Jesus vem ao meu templo, nasce no meu estábulo e põe-me em contato com a fonte interior.

A Bíblia descreve com palavras as imagens sagradas que Deus nos oferece. A contemplação e absorção dessas imagens ou estátuas pode ser um socorro. A arte muitas vezes compôs e interpretou as imagens bíblicas a seu modo. Quando olhamos para essas imagens – sem tentar analisá-las, mas sentindo-nos unificados com elas – o poder sagrado das imagens bíblicas, por fim, penetra-nos o ser; esquecemo-nos de nós mesmos e ficamos simplesmente na contemplação.

Para os gregos, é justamente a visão o sentido pelo qual podemos vivenciar Deus. *Theos* (Deus) vem de *theasthai* (mirar). Deus é Aquele que se torna visível nas imagens bíblicas, ou na beleza da criação, ou num semblante humano. O fato de Paulo ter-se dedicado à experiência mística da contemplação, na forma em que foi praticada nos cultos de mistério do primeiro século depois de Cristo, fica evidente em sua Segunda carta aos Coríntios: "Todos nós, de face descoberta, refletimos a glória do Senhor como um espelho, e somos transformados nesta mesma imagem, sempre mais gloriosa, pela ação do Senhor, que é Espírito" (2Cor 3,18). Quando estou contemplando uma imagem, torno-me um com ela, eu me transformo nela. E, assim, a imagem divina, com sua magnificência, brilha sobre mim.

No processo da absorção de imagens bíblicas, é útil se eu me sentar no interior de uma igreja que me toca. Numa igreja romana, posso realizar a experiência de que sou um templo de Deus. Estou salvo em Deus, e eu mesmo sou o lugar onde Deus reside. E, se Deus reside em mim, estou em casa, sinto-me acolhido, integrado no externo e no interno.

Quando me sento em silêncio, por longo tempo, numa igreja gótica, passo a sentir-me outro. Eu sinto a vastidão do meu templo interno. O esplendor e a beleza de Deus me preenchem; Cristo está no meu templo, Ele expulsou de mim os barulhentos vendedores e cambistas, mas alguns bois, ovelhas e pombas permaneceram lá. Os capitéis mostram em muitas colunas que, de fato, Cristo transformou muitas jaulas que existiam em mim, tal que passaram a compor o espaço da igreja. O feroz, agressivo e instintivo transformou-se em adorno do templo, integrou-se na sua imagem. E isso também me liberta.

Numa igreja barroca, torno a vivenciar, de outro modo, o templo interno; experimento a diversidade e a vitalidade peculiares. Nas imagens, percebo uma via através das alturas e profundezas da minha vida, e aprendo que todas são absorvidas pela redentora presença de Deus. Assim, percebo-me em harmonia comigo mesmo e alcanço a paz interior.

Numa igreja em forma de tenda, experimento mais outro tipo de transformação. Sinto-me acolhido, porém, ao mesmo tempo, a caminho. Posso ficar onde estou, mas também sei que devo seguir adiante.

Imagens sagradas e outras obras de arte, que, posicionadas esparsamente, compõem o panorama de uma igreja, também auxiliam na prática da introspecção. Quando paro para observar a Cruz Romana, na Cidade Antiga, configura-se em mim o amor que emana do semblante do Cristo crucificado e ressurrecto. Frequentemente sou tocado por uma estátua de Maria, na qual encontro o amor de Deus em seu aspecto maternal. Ao contemplar, em Colmar, uma imagem de Maria de Martin Schongauer, experimentei profundamente, em meu interior, a clareza e o silêncio. A imagem era de tal luminosidade e pureza, que se alojou no fundo do meu ser. Em outras igrejas, fascinaram-me imagens sagradas nas quais os artistas retrataram a transformação do homem salvo por Deus e pelo Espírito Santo, como no caso dos 14 santos auxiliadores, a quem recorro em momentos de doença e sofrimento, e vejo a cura vindo diretamente de Deus e, ao mesmo tempo, trazida na forma desses santos.

Marc de Smedt descreveu a fascinação que irradia das imagens da Madonna. Nas imagens da Virgem Maria estendendo ao mundo o Menino Jesus, ele percebeu que "a essência assim se manifesta: Mesmo na iminência de morte, deve o homem defender a vida e, para encontrar a fonte desta vida, precisamos saber como achar, dentro de nós, aquele silêncio sutil que não tem forma nem deixa vestígio" (SMEDT, 1987: 170). "Um dos mais imponentes lugares do silêncio que há na face da terra" é, para ele, o Museu Cluny de Paris, onde todo o espaço, vasto e arredondado, está revestido com tapeçarias da *Mulher com o unicórnio*. "Quando visitei pela primeira vez o lugar, vi-o como o verdadeiro ponto central de Paris, o lugar da iniciação" (SMEDT, 1987: 157).

Cada um tem seu lugar favorito e sua imagem favorita, que tocam e cativam seu íntimo. Quando ficamos fascinados ante uma imagem e a deixamos nos penetrar o espírito, emerge um silêncio que nós próprios jamais poderíamos produzir. Da imagem emana algo que nos conduz ao silêncio, ao misterioso lugar de nossa alma, onde não mais pensamos ou refletimos sobre o que quer que seja, onde somos simplesmente simples, unos com nós mesmos e com a imagem que Deus criou para nós.

6 LECTIO DIVINA

Além da *ruminatio* (cf. p. 46), existe outra linha essencial na meditação monástica: a *lectio divina*. *Lectio divina* significa a leitura das Escrituras Sagradas. Quando pensamos em leitura, geralmente a associamos logo à ideia de estudar ou de refletir e ponderar sobre o sentido da palavra. Ler, porém, é muito mais; lendo, eu entro em outro mundo. Quando leio um texto, participo da forma do seu mundo particular, de sua atmosfera, de sua energia. Na leitura de um texto estrangeiro, entro em contato com ambientes que nunca antes imaginara.

Muitas pessoas vivenciam a entrada num outro mundo como algo saudável e sentem que a leitura lhes faz bem. Mesmo quando não conseguem realizar tudo do que leem, sentem como positivo absorver novos pensamentos.

Esse mundo dos pensamentos relativiza o mundo em que vivem e os liberta das pressões que sentem com frequência no seu mundo real. No mundo da leitura, os homens se sentem como outros e, não raro, como salvos, inclusos, situados, tocados, valorosos e originais.

Um dia a virtude benéfica da leitura será redescoberta. Franz Kafka, certa vez, assim se expressou a respeito do poder terapêutico do livro: "Um livro é o machado que quebra o gelo sobre o nosso mar interior" (RAAB, 1988: 12). O texto pode nos colocar em contato com sentimentos reprimidos, com sentimentos que não mais sentimos, porque estão sob a capa de gelo do nosso torpor interno. Tal como um machado, um "texto cortador" pode golpear a capa de gelo, para que os sentimentos descongelem e tornem a aflorar.

No Egito antigo já era conhecido o poder salutar dos livros. "Os faraós escreveram sobre sua biblioteca: *Psyché Iatreion*, Casa da Cura da Alma" (RAAB, 1988: 31). Este sobrescrito voltou a surgir em diversas bibliotecas de mosteiros, como, por exemplo, em St. Gallen. Um pioneiro da biblioterapia foi Benjamin Rush, que em 1802, nos Estados Unidos, começou a reformar os hospitais com a instalação de bibliotecas. Para ele, a leitura era um importante auxiliar da psicoterapia. "Na Bíblia, ele encontrou a farmácia que continha um valioso remédio para cada doença da alma" (RAAB, 1988: 14). Segundo Rush, um bom terapeuta escolhe o texto adequado para os pacientes, depois conversa com eles sobre as experiências resultantes da leitura.

A leitura pode estimular nas pessoas o poder autocurativo e reativar desenvolvimentos estagnados. A logoterapia de Viktor Frankls coloca o livro terapêutico à frente de tudo. "O livro certo na hora certa já salvou muita gente do suicídio" – ele disse. "Neste sentido, o livro é uma ajuda autêntica para a vida, e também no que se refere à morte" (RAAB, 1988: 41).

Para o jornalista francês Marc de Smedt, a leitura sempre foi, em sua juventude, um caminho rumo a si mesmo e ao silêncio. Ele escreveu: "O silêncio da leitura é um contraponto à ruidosa realidade, um lugar de reflexão sobre si mesmo e uma incursão no mundo" (SMEDT, 1987: 133). A respeito da fascinação do *Livro dos médiuns*, escreveu ele: "Diante de um livro, estamos plenamente a sós, mergulhados num silêncio absoluto. É um momento de plena graça, um ato simultâneo de esquecimento e aprofundamento, um mergulho no fundamento original da psique" (SMEDT, 1987: 132).

Talvez os pintores medievais tivessem em vista a virtude de cura – e, ao mesmo tempo, de libertação – da leitura, ao retratar Maria como uma mulher que lê. Em muitas imagens, Maria está lendo, quando o Anjo Gabriel vem lhe comunicar o nascimento de seu filho. Inclusive junto ao berço, Maria foi retratada a ler. E também montada sobre o asno, durante a fuga para o Egito, ela está lendo um livro. Ao ler, ela entra no mundo de Deus. A leitura a torna capaz de entender claramente o que lhe acontece e, como na fuga para o Egito, anula o poder do mundo inimigo e ameaçador. Em meio a uma atmosfera de violência e ódio, Maria lê para revelar seu próprio ser e, por fim, sentir-se salva e acolhida no mundo de Deus.

Entre os primeiros monges, a prática da leitura restringia-se à Bíblia, não abrangendo a literatura geral, nem tratados teológicos. Nos séculos VIII e IX, constatou-se que a leitura da Bíblia só é produtiva quando se lê também sobre outros temas e se conhece os clássicos gregos e romanos.

Desde então, a leitura da Bíblia foi, para os monges, algo totalmente diferente das formas posteriores de leitura. Era um ato sagrado; com efeito, um ato divino; eis por que também a denominavam *lectio divina*, leitura divina. Na Regra de São Bento, três horas do dia eram reservadas à *lectio divina* e três horas para a meditação sobre as Escrituras. Nesse encontro intensivo com as Escrituras, os monges aumentavam progressivamente seu alcance do Espírito de Jesus, entendiam Jesus cada vez melhor. Mas a prática não levava apenas ao entendimento; a leitura das Escrituras é um processo de transformação. As palavras das Escrituras se imprimem progressivamente tanto no espírito quanto nas atividades e, além de tudo, o ato de ler as Escrituras sempre foi, na vida monástica, uma via mística: a meta da leitura era a unificação com Deus. Na antiga vida monástica, a mística sempre foi o escrito místico, ou cultura mística.

Para se entender isto é importante compreender a interpretação espiritual das Escrituras, conforme a explanou o Padre Orígenes. Na interpretação espiritual, procura-se a dimensão mística da Bíblia, e não a histórica, com o objetivo de nos tornarmos um com Deus. A pergunta da interpretação espiritual não é "O que devo fazer?", e sim "Quem sou eu?". As palavras da Bíblia são imagens que refletem a natureza do homem e os caminhos da alma para alcançar Deus. Aquele que se entrega a tais imagens está praticando a verdadeira contemplação. Este enxerga, nas palavras, o mistério do Deus invisível e escuta o Deus inaudível e imperceptível, que lhe fala. As palavras da Bíblia – que nas igrejas primitivas sempre eram lidas em voz alta – penetram no espírito do leitor, transformando-o cada vez mais. Elas curam suas chagas e o preenchem com o Espírito de Jesus Cristo.

Na tradição do monacato, a *lectio divina* possuía quatro passos: *lectio – meditatio – oratio – contemplatio*.

LECTIO

Na prática da leitura, procura-se aprofundar cada vez mais o conhecimento da Bíblia. Na verdade, o leitor deve – segundo uma citação do Papa Gregório, o Grande – descobrir, na palavra da Escritura, o coração de Deus. Na Palavra, pode o homem encontrar o próprio Deus. Os monges antigos pronunciavam todas as palavras de Jesus Cristo. Inclusive o Antigo Testamento mencionou, por imagens, o mistério de Jesus Cristo, conforme retrata, de certo modo, o acontecido com Sansão, que, de forma semelhante ao que narra o Evangelho de Marcos, não venceu o inimigo só pela força, e sim vencendo o poder das trevas ao morrer. Sansão, que, ao morrer, partiu as colunas da casa, sepultando todos os inimigos sob os escombros, configura, assim, uma imagem da morte e ressurreição de Cristo. Os monges associaram à Cruz cada referência à madeira contida no Antigo Testamento. Na história de Moisés, que mergulhou seu cajado na água amarga, transformando-a em água doce e potável, os monges enxergaram o mistério da Cruz. A Cruz torna doce a minha vida amarga, e torna-me capaz de beber o amargor da vida, sem que, com isso, eu caia por terra. Em vez disso, eu vivencio, na adversidade, a doçura do amor do Cristo.

Seguindo a interpretação das Escrituras pelo método da crítica histórica, aprendemos a entender o verdadeiro sentido das palavras bíblicas, e a perceber, em todas elas, uma referência ao mistério de Jesus Cristo e ao mistério de nossa própria vida liberta. Os monges conheciam a Bíblia de cor, o que frequentemente os conduzia a interpretações associativas. Partindo de uma determinada palavra, eles davam em outra, que associavam à primeira. Assim as palavras se tornavam recíprocas.

Meditatio

O segundo passo é a *meditatio*. *Meditatio* significa manter os sentidos ligados a algo, deixando as palavras caírem da mente ao coração, absorvendo as palavras com os sentidos. Todos os sentidos ficam associados. As palavras são lidas em voz alta e, assim, são ouvidas; as letras são vistas, sente-se o efeito emocional do som de cada palavra e seu gosto é absorvido. Os monges falam do sabor agradável e doce das palavras divinas.

Ao meditar, eu repito as palavras com o coração, de modo que elas o permeiem cada vez mais, e assim liberem o doce sabor divino. Não fico pensando nas palavras, apenas deixo que elas me penetrem o ser. Eu me pergunto: "Se isto é certo, como percebo esta realidade? Como me sinto? Quem sou eu, afinal? De que modo lido com os conflitos à minha volta? Que sensação me deixa a tristeza que eu suporto?" Para os monges, era essencial entender as palavras das Escrituras como expressões do Deus vivo e presente, o Deus que, naquele exato momento, atingia-os. E viam as palavras também como expressões que ouviam diretamente do Cristo elevado. Nas palavras ditas por Jesus a seus discípulos, os monges escutavam o Cristo presente. De tal modo, suas palavras sempre eram palavras que ultrapassavam a morte. Agora o Cristo – que, no céu, senta-se à direita de Deus – diz estas palavras àqueles que meditam; as palavras ligam o céu à terra, superam as linhas divisórias entre vida e morte, entre Deus e o homem.

ORATIO

O terceiro passo é a *oratio*. Os monges a entendem como uma prece curta e afetiva, com a qual eles expressam seu pedido a Deus, para aplacar o anseio gerado na *meditatio*. A motivação da leitura da Bíblia era, de fato, o anseio por Deus, o anseio de efetivar a condição de estar com Jesus Cristo. Não é preciso, para tal, aumentar o conhecimento acerca de Deus, e sim estimular o anseio por Deus, pois no anseio por Deus já está o próprio Deus, assim como no anseio pelo amor já está o amor, conforme disse, certa vez, Antoine Saint-Exupéry. No anseio por Deus, nós sentimos Deus, e experimentamos a sensação de que Deus se alojou em nosso coração.

A leitura das Escrituras praticada pelos monges era carregada de intenso anseio por Deus. O Papa Gregório, o Grande, que muito frisou sobre a espiritualidade dos monges, escreveu, sobretudo, a respeito deste anseio. Por isso, Jean Leclercq o chamou de "Professor do Anseio". Leclercq falou com prazer do voo espiritual: "Como se tivéssemos asas, como no ondular da águia, devemos nos elevar, ondulando ao encontro de Deus, procurando-o, correndo para Ele" (LECLERCQ, 1963: 41). O anseio proporciona à espiritualidade dos monges um fluxo dinâmico: "Trata-se de uma progressão contínua, porque o anseio pela posse de Deus jamais se esgota; daí, a experiência de uma nova etapa. O resultado deste anseio é encontrar novamente a paz em Deus, pois o anseio já é a própria obtenção, onde o medo da unidade e o amor por ela se fundem: Aqui na terra, o anseio é a forma autêntica de amor; nele o Cristo encontrou a alegria de Deus e a união com o Senhor Supremo" (LECLERCQ, 1963: 42). Gregório absorveu este entendimento nos termos: "Aquele que anseia por Deus de todo coração, certamente, já tem Aquele a quem ama" (*Hom. in Ev.*, 30,1).

CONTEMPLATIO

O quarto passo da *lectio divina* é a *contemplatio*. Trata-se de uma prece sem palavras, uma vivência de Deus sem pensamentos, nem sentimentos nem imaginações. *Contemplatio* significa o calar puro. Para os monges, a *contemplatio* é sempre um presente da graça divina. Os primeiros três passos da *lectio divina* eu posso praticar, o último eu tenho que receber de Deus. Eu li as palavras das Escrituras e meditei; agora as palavras me conduzem ao mistério sem palavras de Deus, a um mistério que não pode mais ser expresso por palavras. É um estado de pureza, uma unidade com Deus. Nada vejo de específico; só observo a profundidade; subitamente, tudo se me torna claro. Sou um com Deus, um comigo mesmo, em harmonia com minha vida. O Papa Gregório descreveu a natureza da *contemplatio* numa cena da vida de São Bento. Num só instante, Bento enxergou o mundo inteiro, viu-o em sua profundidade; ele era um com tudo o que existe. Gregório assim explicou aquele olhar de Bento: "Quando a alma vê seu Criador, a criação inteira perde tamanho diante dela; ainda que veja só um pouco da luz do Criador, toda sua obra se torna pequena para ela, porque, na luz do olhar interior, abriu-se o fundo de seu coração, expandiu-se para Deus e elevou-se acima do mundo" (GREGÓRIO MAGNO. *II Livro dos Diálogos*, cap. 35).

Os monges descreveram com diversas imagens a conexão dos quatro passos da *lectio divina*. A *lectio* busca o enlevo das palavras divinas, a *meditatio* o encontra, a *oratio* leva do anseio à sensação das palavras divinas e a *contemplatio* experimenta o enlevo que Deus, com suas palavras, libera no coração dos homens. Outra imagem: A *lectio* parte em dois o recipiente de alabastro que guarda o perfume divino; a *meditatio* libera um aroma; a *oratio* leva do anseio ao pleno perfume e a *contemplatio* sente o aroma. Sem *meditatio*, a *lectio* se torna seca, mas, sem *lectio*, a *meditatio* cai no perigo de perder o controle. Assim sendo, todos os quatro passos nos conduzem cada vez mais fundo ao mistério do amor divino evocado em cada palavra da Bíblia.

Eu poderia convidá-los, cara leitora, caro leitor, a experimentar um dia este método dos monges, ainda que pareça estranho. Não se detenham ante a ideia de que, ao ler, normalmente começamos logo a ponderar e a acionar o entendimento.

Para a *lectio divina*, abram no capítulo 15 do Evangelho de João. Sentem-se tranquilamente e estabeleçam que Cristo, entronizado ao lado de Deus em sua glória, neste momento está falando com vocês pessoalmente. Ele diz palavras que ligam céu e terra, que dissera perante a morte, e que agora, ressurrecto e elevado por Deus, diz a vocês. No ato da leitura, manifesta-se em vocês, automaticamente, o senso crítico, e vocês perguntam se essas palavras partiram realmente de Jesus, ou se são apenas obra de João. Nosso entendimento é importante, mas agora, na meditação, vocês devem dizer: "As dúvidas ficam para amanhã. Agora, neste exato momento, eu simplesmente absorvo as palavras, tal como são. Ajo como crendo nelas, e me pergunto como me sinto, considerando essas palavras como autêntica realidade". Então, vocês tomam a Bíblia nas mãos e começam a ler devagar. Se sentirem o toque de uma palavra, fixem-na e deixem-na cair em seu coração. Repitam-na em silêncio e procurem sentir e absorver o mistério da palavra, e se perguntem o que ela diz: "Enfim, quem sou eu? Como posso me entender?" Deixem que a palavra lhes penetre o coração até que sua atenção relaxe. Então peçam a Deus que preencha a lacuna de seu anseio e, em seguida, continuem a ler lentamente, deixando novamente que as palavras lhes penetrem o coração. Confiem no ritmo de seu coração; vocês não precisam se estender muito no texto, tomem apenas 20 minutos para acompanhar o texto segundo este método. Depois vocês podem colocar a Bíblia ao lado e ficar simplesmente a escutá-la. Não precisam mais repetir as palavras; apenas deixem-se ficar sob a impressão delas, na presença de Deus. Talvez, então, vocês percebam algum efeito da *contemplatio*. A leitura conduziu vocês ao silêncio, as palavras lhes abriram a porta para o mistério sem palavras de Deus. Agora vocês estão em Deus, sem palavras, sem imaginações, sem imagens. Vocês só estão plenamente ali, plenamente em Deus e plenos de Deus. Não precisam apegar-se a qualquer propósito hoje. Vocês encontraram Deus, em suas palavras. Isto basta. Vocês, bem como suas expressões e atos, foram transformados, sem precisar do recurso da vontade.

7 Rituais matutino e vespertino

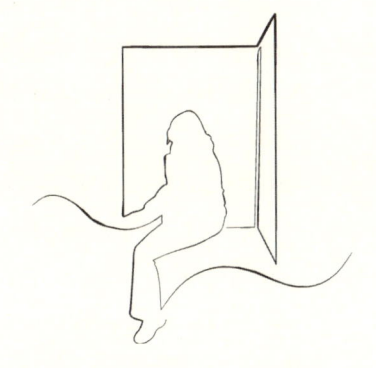

Um outro caminho para vivenciar o silêncio no dia a dia recorre ao ritual. Segundo os gregos, os rituais estabelecem um espaço de tempo e um lugar sagrados. Sagrado é aquilo que está desligado do mundo, aquilo sobre o que o mundo não tem poder algum. No ritual, eu encontro, em meio ao tempo, algo que o tempo não pode conter. O tempo pertence a Deus, e também a mim; no tempo, estou plenamente comigo e com Deus.

O ritual funciona como uma saudável suspensão do tempo, que me traz ao contato comigo mesmo e com minha realidade mais profunda. Ali não tenho mais que lidar com o mundo e seus problemas; na verdade, tudo silencia e, naquele silêncio, dirijo-me ao meu próprio âmago. Mesmo quando o ritual dura só uns poucos instantes, ele me conduz diariamente ao silêncio, a um espaço onde a inquietude fica para trás. Em tais condições eu alcanço o silêncio.

Outra imagem para o ritual é: os rituais fecham uma porta e abrem outra. Quando cai a tarde, a porta do trabalho deve ser fechada, de modo que possa ser aberta a porta do lar e da família. Se carrego a tensão do trabalho para casa, nunca terei sossego. Muita gente não consegue fechar a porta do trabalho, mesmo em casa continuam ligados a ele. Falando por imagens, pode-se dizer que essas pessoas estão sempre *de passagem*. Mas isso não faz bem nem ao corpo nem à alma; quem está sempre de passagem nunca chega a si mesmo. Precisamos fechar portas para abrir outras, pelas quais entremos nos domínios do silêncio. Os rituais nos possibilitam fechar as portas dos domínios do tumulto generalizado; só assim podemos estar plenamente lá onde somos, de fato, nós mesmos. Precisamos de espaços fechados para chegar ao espaço do silêncio interior.

Agora vou descrever algumas formas de ritual matutino e vespertino que, no começo e no final do dia, colocam-nos em contato com nós mesmos e com o silêncio.

Uma boa forma de ritual da manhã e da tarde é, estabelecendo 25 minutos de meditação, sentar, com a Prece de Jesus ou uma determinada imagem na mente, mantendo a atenção na respiração. Muitas pessoas, porém, não encontram tempo para meditar de manhã, e à tarde estão cansadas demais para fazê-lo. Mas, mesmo com rituais rápidos, podemos chegar ao sossego. Uma forma simples de ritual consiste num procedimento programado, que não concentra apenas o corpo, mas também os pensamentos, de tal modo que eles cessam de vagar de um lado para outro.

Dois procedimentos específicos podem servir como ritual da manhã. Um deles é a *postura da oração*, que consiste em erguer os braços e mãos, abrindo-os em forma de uma grande concha. A *postura da oração* foi certamente a postura correta da prece na Igreja primitiva, como demonstram muitos desenhos encontrados nas catacumbas. Nessa postura, eu abro o céu sobre a minha vida, agradeço a Deus pelo novo dia e sinto a vastidão na qual Deus me introduz. Mas também penso nas pessoas entre as quais eu vivo. Também para elas, para quem o céu costuma parecer bastante oculto, eu posso abrir o horizonte, para que ele se torne claro em suas vidas, para que, em meio a seus tumultos, possam conhecer Deus. E, nessa postura, eu constato que hoje, em meio à vida que levo neste mundo, posso registrar um indício de que o céu se abre sobre os homens, e eles se lembram de Deus, que os acolhe.

O outro gesto aplicável ao ritual da manhã é a *postura da bênção*, que consiste em erguer as mãos e, em vez de levá-las ao alto como na *postura da oração*, dirijo-as para frente; e deixo que, através de minhas mãos, a bênção de Deus jorre sobre a humanidade, pela qual tenho apreço, com a qual eu vivo, com a qual trabalho. Após esta bênção, eu percebo uma diferença nas pessoas com que deparo hoje, pois as encontro abençoadas. Quando me desentendo com um colega, normalmente é porque estou perturbado, o que dificulta o contato. Mas, se já o tiver abençoado internamente, posso encontrá-lo sem receio. E posso ficar tranquilo quanto às pessoas que abençoei, conforme ocorre quando os pais abençoam seus filhos. Eles não precisam ficar controlando os filhos o dia inteiro; na verdade, podem confiar que eles seguem seu caminho sob a bênção de Deus, que os protege continuamente.

Entretanto, eu não envio a bênção de Deus somente aos homens, mas também aos locais onde vivo e trabalho, ao lugar onde fica minha morada e aos meus setores de trabalho. Após estas bênçãos, eu sinto esses domínios transformados. Muitas pessoas sentem bem nitidamente em seu apartamento ou escritório algum vestígio de um conflito ou atmosfera ruim do dia anterior. Quando libero a bênção de Deus sobre um lugar em tais condições, é como se eu estivesse entrando num outro ambiente. Eu entro num lugar abençoado, cheio do amor de Deus e não mais das emoções humanas negativas. Num ambiente abençoado, eu posso respirar com alívio, ali me sinto livre. Num ambiente cheio de tensões, pelo contrário, minha respiração fica abafada e não me sinto bem.

Também para o entardecer há dois procedimentos aplicáveis a um ritual rápido, capaz de nos levar ao sossego. O primeiro consiste em colocar as mãos à frente, *na forma de uma concha*. Eu seguro nas mãos e entrego a Deus tudo o que produzi hoje com elas. A mão é uma imagem do meu trabalho, do qual, com este gesto à tarde, eu me desligo, entregando-o a Deus, para que Ele o transforme numa bênção para mim e para aqueles para quem trabalhei. Retenho na mão também as pessoas com as quais tive contato hoje, e sinto em minha mão o presente que Deus me deu neste dia, em forma de capacidade, encontro, experiência, conhecimento; e agradeço a Deus pelo dia de hoje.

Temos com frequência a impressão de que o dia passa por nós, como se escapasse entre nossos dedos. Com a *postura da concha*, eu retenho Deus no meu dia, e o entrego a Deus; assim, dispersão e dissolução dão lugar à unidade, e meu dia se recompõe. Muitas pessoas não conseguem adormecer bem à noite, porque não se desligaram do dia, porque não se distanciaram de tudo que as tumultuou. O ritual das mãos abertas não garante que adormecerão bem, mas muito ajuda entregarmos o nosso dia nas mãos de Deus e, assim, colocarmo-nos a uma boa distância do que se passou hoje conosco. Podemos nos entregar confiantes às boas mãos de Deus; minhas mãos me fazem lembrar as ternas mãos de Deus, que me acolhem à noite, nas quais posso me abrigar. E, nisto, posso também imaginar que Deus escreveu seu nome em minha mão, e o meu na dele. Assim minhas mãos me fazem ver que estou em Deus e Deus em mim.

No outro gesto aplicável ao ritual da tarde, eu *cruzo os braços sobre o peito*. Para mim, um plano de fundo para esta postura é uma expressão do teólogo e psicólogo holandês Henry Nouwen, que se tornou importante. Ele disse, certa vez, que muitas pessoas se queimam porque deixaram aberta a porta do seu "forno". A vida espiritual, porém, determina que se feche a porta e guarde-se o fogo interno, a ardência do Espírito Santo. Quando, ao entardecer, cruzamos as mãos sobre o peito, é como se estivéssemos fechando a porta para proteger o espaço interior, o espaço sagrado em nós, de modo que o fogo interior do Espírito Santo possa consumir dentro de nós tudo o que está queimado, seco e frio, e nós sintamos o calor interno do espírito. Praticando esta postura, encontramo-nos suavemente com nós mesmos. Recebemos o toque do *oposto* e, assim, cremos que o amor de Deus penetra em todos os *opostos* de nosso corpo e nossa alma, aquecendo-os.

Podemos associar esta postura também a outras imagens: eu cubro o espaço sagrado que existe em mim, ao qual o mundo não tem acesso, no qual os homens com suas pretensões e expectativas, opiniões e críticas, não podem entrar. Eu protejo o local onde ninguém me pode atingir. Nem mesmo os meus próprios pensamentos e emoções, meus medos e apreensões, minhas autoavaliações e autoacusações têm qualquer acesso a esse espaço interior; nem os sentimentos de culpa, que frequentemente me roubam a paz, têm lugar lá.

Eu não preciso fabricar esse lugar do silêncio em mim; o silêncio já existe em mim, o espaço onde o mundo se cala já está em mim. Lá, no espaço do silêncio, é onde Deus reside em meu ser, lá mora o Cristo em meu ser, e lá, onde está o Cristo, eu sou livre, lá ninguém tem autoridade sobre mim. Lá, onde está o Cristo, estou salvo e completo, e entro em contato com meu ser verdadeiro; lá sou totalmente eu mesmo, sou todo autêntico. A expressão bíblica "Reino de Deus" também significa esse espaço que há em nós, onde Deus comanda. Se Deus comanda em mim, estou livre do poder do mundo.

Uma outra imagem mostra esse espaço interior como o espaço onde mora o mistério. As palavras alemãs *"Geheimnis"* ("mistério") e *"Heim"* ("lar") associam-se a *"Heimat"* ("pátria", "origem"). No *lar*, eu posso relaxar e ficar à vontade, estou em casa. Por outro lado, a *origem* começa nos domínios do mistério. Quando, ao entardecer, eu protejo o meu espaço do mistério, posso estar comigo mesmo *em casa*, e mais ainda: posso encontrar a *origem* em mim, porque o mistério reside em mim. Assim encontro a paz.

Quando, ao cabo de uma palestra, convido os ouvintes a se levantar e cruzar as mãos sobre o peito, geralmente se estabelece um silêncio magnífico. Quando mais de 1.000 pessoas silenciam ao fazer esse gesto, e ninguém tosse, todos se sentem profundamente unidos; mas quando alguém tosse ou pigarreia, percebe-se claramente que este não consegue suportar o silêncio. Em meio a tal silêncio, em meio àquele espaço interno do silêncio, eu pronuncio a antiga prece vesperal e sempre torno a constatar como aquelas palavras de mais de 1.600 anos tocam ainda hoje os corações: "Visitai, Senhor, esta casa, e afastai as ciladas do inimigo; nela habitem vossos santos anjos, para nos guardar na paz, e a vossa bênção fique sempre conosco. Por Cristo, nosso Senhor. Amém".

Cada um deve descobrir por si que rituais da manhã e da tarde lhe são mais adequados, aqueles que levem cada um ao contato com seu próprio ser, aqueles com que possamos começar bem pela manhã e concluir bem ao entardecer. As pessoas vêm percebendo cada vez mais a necessidade de um ritual que nos reserve um momento sagrado que nos pertença e no qual ninguém possa interferir. Antes vivíamos na sensação de que toda nossa razão de viver vem de fora, estávamos sempre na dependência de alguma expectativa. Os rituais nos dão a sensação de que vivemos por nós mesmos, sem precisar que nada nos cause vida, e levam-nos ao encontro com nosso ser. Uma ou duas vezes ao dia, pelo menos, eu tenho a sensação de estar, naquele exato momento, em total harmonia comigo mesmo, em silêncio, para em seguida sair daquele silêncio e enfrentar novamente a confusão do dia. Muitas vezes, o silêncio obtido no ritual da manhã me acompanha em meio à turbulência do correr do dia e, assim, o dia não tem poder algum sobre mim. Na verdade, eu mesmo dou forma ao dia, compondo-o com o silêncio interior que emerge do meu íntimo.

Rituais que conduzem ao silêncio não são bons somente nos horários da manhã e da tarde. Também durante o trabalho podem ser úteis alguns intervalos de prática simples. Eu posso, por exemplo, antes de uma reunião, praticar um ritual rápido, preparando-me internamente para a reunião. Eu posso antecipar com um curto ritual um entendimento com colegas ou uma reunião de equipe. Os rituais fecham uma porta e abrem outra. Quando a porta da fala dispersiva é fechada, pode abrir-se a porta para uma conversação intensa.

No decorrer do dia, sempre precisaremos desses intervalos de recuperação, que nos trazem de volta a nós mesmos e ao nosso silêncio interno, para que não embarquemos na correria diária que nos persegue.

8 O exército do Porteiro

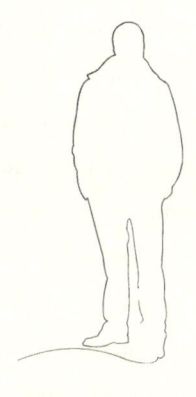

Uma prática importante entre os primeiros monges era, em todo momento de inquietação interna ou externa, simplesmente se recolherem às suas pequenas moradias particulares, suas celas. Muitos monges aconselhavam aqueles que pretendessem evadir-se, ou que desejassem afirmar-se através de bons atos, a apenas ficarem em suas celas e lá permanecerem. Não preciso orar nem meditar; só preciso ficar comigo mesmo. Isso me põe em ordem de novo; nesse lugar de silêncio, emergem naturalmente muitos pensamentos e sentimentos, mas eu não os tento expulsar; na verdade, observo-os ante Deus e a Deus os direciono. E, diante de Deus, eles se acalmam.

O matemático e místico francês Blaise Pascal (1623-1662) percebeu, observando os costumes dos monges antigos, por que a vida corria tão mal entre os homens de seu tempo; era porque ninguém mais conseguia ficar recolhido em seus aposentos. Pascal entendeu como podia ser saudável a permanência de alguém em seu canto. É um ato que nos conduz à nossa verdade pessoal.

Evágrio Pôntico desenvolveu um exercício terapêutico interessante e muito eficaz para frutificar essas estadas na cela. Chama-se o "Exercício do Porteiro". Evágrio baseou-se numa alegoria de Jesus, no Evangelho de Marcos: "Ficai de sobreaviso e vigiai, porque não sabeis quando será o momento. Será como um homem que, ao partir para o exterior, deixa a casa e delega autoridade aos escravos, indica o trabalho de cada um e dá ordens ao porteiro para vigiar" (Mc 13,33s.). Sobre os fundamentos desta alegoria, escreveu Evágrio a um monge: "Sê um porteiro do teu coração e não deixes entrar nenhum pensamento sem identificação. Interroga cada pensamento um por um, dizendo: 'És um dos nossos ou um de nossos contrários?' Se ele pertencer à casa, encher-te-á de paz. Mas, se ele for do inimigo, envolver-te-á num emaranhado de raiva ou te encherá de cobiça" (Carta 11).

O exercício pode ser posto em prática da seguinte forma: Sento-me durante meia hora em meus aposentos, sem orar, sem meditar, sem ler e sem refletir. Isso não é assim tão simples, mas o único requisito é manter essa atitude por meia hora. Pouco a pouco, emergem todos os pensamentos possíveis, e eu interrogo cada um deles: "O que pretendes me dizer? Que ânsias guardas contigo?" Normalmente, sempre perceberei que todo pensamento e todo sentimento tem um determinado sentido. Se interrogo à minha raiva o que ela me tem a dizer, ela provavelmente me responderá: "Cerca-te melhor. Não dês tanto poder aos outros. Resolve o problema, em vez de te irritares com ele". Assim a raiva se transforma num impulso positivo.

Se o ciúme bate à minha porta, pergunto-lhe que ânsias ele oculta. Ele provavelmente me dirá que tenho a necessidade de que os outros não amem a ninguém, senão a mim, que para meu marido ou mulher, ou para meu amigo, eu quero ser a única pessoa amada. Se confesso a mim mesmo que sinto esta necessidade, percebo o quanto ela é descabida. Mas não me condeno por causa dela; ao reconhecê-la, posso relativizá-la. Da mesma forma, posso interrogar o medo ou a depressão e, assim, entender-me com esses sentimentos. E logo percebo que, afinal, eles têm algo de bom a me dizer. O medo pode me indicar a medida certa, a medida que me considero apto a alcançar, mas também a medida certa referente às expectativas que voto à imagem que faço de mim mesmo.

Talvez C.G. Jung tivesse em mente o Exercício do Porteiro, quando disse que a depressão é uma dama vestida de preto. "Se ela bater à tua porta, deixa-a entrar serenamente. Ela tem coisas importantes a te contar".

Evágrio concluiu que algumas emoções tornam duvidosa a nossa *autoridade doméstica interior*; são como *moradores* que pretendem tomar conta de tudo em nossa *casa*, a ponto de não podermos mais *morar* lá. A tais pensamentos eu devo mostrar a porta e, em seguida, fechá-la para eles. Esta é a tarefa do *porteiro*. Por exemplo, se alguém me ofendeu profundamente, não posso permitir que a ofensa me invada, pois, caso contrário, ela ficaria junto de mim e me envolveria por completo; se abancaria em minha casa e me poria para fora, o que não seria bom para mim.

É interessante fazer algumas experiências com essas questões. Uma participante de um de meus cursos tinha problemas com sua filha e nenhuma terapia nem apoio espiritual de nada adiantou. Ela tinha medo de, durante o Exercício do Porteiro, ver-se às voltas com uma daquelas preocupações. Mas basta perguntar ao sentimento em questão: "Que ânsias guardas contigo?", para que, em meio às preocupações, sintamos paz interior. Algumas pessoas dizem que, deixando-se os pensamentos e sentimentos fluírem, pouco se aproveita deles, mas o medo de que os pensamentos transbordem é geralmente sem fundamento. Se todos os sentimentos devem ser liberados, não precisam se anunciar à força da palavra. Assim muitas pessoas vivenciam, durante essa meia hora, um estado de paz, sentem, de imediato, uma profunda paz interior. Não precisam de nenhuma energia adicional para subjugar ou conter pensamentos indesejáveis. Tudo é liberado, pois tudo tem um sentido e tudo, enfim, pode nos conduzir a nós mesmos, ao nosso âmago, à nossa verdade. E só a verdade pode nos tornar livres.

É preciso coragem para assumirmos nossa verdade pessoal, mas a liberação de todos os sentimentos e pensamentos já nos disponibiliza o ânimo necessário. Um excelente recurso é estabelecermos que os sentimentos não nos invadem, mas, pelo contrário, nós os questionamos. Tenho, portanto, um ponto de vista segundo o qual as emoções me vêm de fora. A representação do *porteiro* me proporciona, ao mesmo tempo, segurança e clareza para lidar com os pensamentos e sentimentos, que passam a ser úteis e não me dominam mais.

O efeito do *Exercício do Porteiro* é, sobretudo, uma grande paz e um intenso silêncio. Em todo caso, não é um exercício de rotina. Só quando sentirmos uma profunda inquietação, devemos tomar essa meia hora para sentar em nossos aposentos e interrogar todos os pensamentos e sentimentos que nos venham de encontro.

9 Meditação e música

Uma musicista me contou que tinha dificuldades com a meditação silenciosa. Quando se sentava em silêncio e acompanhava a respiração, ecoavam-lhe na mente melodias bem definidas. Num curso de meditação, percebia constantemente, com desagrado, que não conseguia alcançar o silêncio do qual o orientador falara. Isto a estimulou a encontrar seu próprio caminho de meditação, pois o que a levaria ao silêncio poderia ser a própria música. Seu rosto iluminou-se quando ela falou de uma profunda experiência que teve com silêncio e música. Ela havia escutado um CD com uma gravação de Dinu Lipatti, pianista romeno que interpretava Bach com uma clareza e pureza que ninguém superava; em sua interpretação não se notava nenhum ego, mas só pura música, abertura do espírito para o mistério da música. Dinu Lipatti tocava toda manhã, antes de começar a praticar, o coral de Bach *Jesus, alegria dos homens*, da cantata *Herz und Mund und Tat und Leben* (Coração e boca e ações e vida, BWV 147), e tocava esta peça com uma clareza e simplicidade crescentes. Em seu último concerto, pouco antes de sua morte – ele tinha leucemia e veio a falecer aos 33 anos – as forças lhe faltaram e ele não pôde tocar até o final do programa. Ele se despediu com aquele coral. Já desprovido de todas as forças, tocou a música inspirado na expressão "Ele é o poder da minha vida". Os ouvintes ficaram profundamente impressionados. Quando a musicista ouviu aquela expressão tão clara e sonora, ela vivenciou um profundo silêncio interno que só podia definir como uma experiência divina. Naquele momento, o céu se abriu para ela e tudo era um só.

Para mim, também é importante ouvir cantatas de Bach de vez em quando. Eu coloco o fone de ouvido e fecho os olhos, então me deixo levar pela música, e deixo a música adentrar meus ouvidos, meu coração, meu corpo. Tal estado me equilibra e, frequentemente, gera em mim um profundo silêncio; sinto-me acolhido e salvo, tocado pelo mistério de Deus, inundado de amor. A música me leva a uma profundidade que nem sempre alcanço através da meditação silenciosa. Algo parecido me ocorre quando assisto a um concerto e apenas deixo a música se manifestar. A música me equilibra e me conduz ao silêncio, eleva-me o coração e a alma.

Assim como para mim, também para muitos outros a música é um importante caminho para o silêncio, um caminho que ninguém pode tirar de quem tem. Há também aqueles que podem unir a meditação silenciosa à música; a meditação sem som abre seus espíritos para a música, e quando, durante uma meditação, escutam música, absorvem-na com grande intensidade.

Muitas pessoas perdem, ao entardecer, a disposição para ler algo de conteúdo. Mesmo em meditação, não conseguem concentrar-se, estão cansadas demais para isso. Geralmente se sentam diante da TV e assim esperam acalmar-se. Mas é justamente o contrário que acontece, pois ficam tão ligadas àquela porção de imagens que nem conseguem dormir à noite. Minha orientação para aqueles que procuram meu acompanhamento espiritual é, ao entardecer, buscar a conscientização. Uma possibilidade pode ser escolher uma determinada música e, por um espaço de tempo, manter a atenção na mesma. Cada um tem suas músicas preferidas e sentirá qual lhe convém. Entre as músicas de que disponho, eu distingo qual me fará bem em determinado momento. Geralmente é uma cantata de Bach, muitas vezes é um concerto para violino ou piano de Mozart; quando preciso escoar a raiva, ponho para tocar ou *As bodas de Fígaro* ou *Cosi fan tutte*, e a raiva cede lugar a um profundo anseio de amor, como se, numa beleza infinita, se tornasse audível na música de Mozart. Às vezes também escolho músicas de absorção mais difícil, mas, por fim, também estas me conduzem ao silêncio: obras de Arvo Pärt ou de Gustav Mahler. Músicas assim, porém, eu só consigo escutar quando estou totalmente desligado dos outros e me entrego unicamente à audição. Assim, a música põe ordem na minha alma e a leva para a paz.

O teólogo católico Ulrich Brand se dedicou intensamente à meditação com música, sobre a qual discorreu nos termos: "Penetrar o elemento audível, atravessá-lo até alcançar a realidade contida nos sons, isto é o próprio silêncio e, no entanto, tudo ressoa e se organiza numa medida certa, que, na música, vivenciamos na forma de intervalo e harmonia" (BRAND,

1985: 54). Nesta prática, deve-se evitar interpretar a música, ou mesmo refletir sobre ela; o adequado é uma atenção isenta. Brand citou Benjamin Britten, que exortou o ouvinte a entregar-se completamente à música: "Quando estiver escutando, não pense no dia. Fico consternado ao ver quantas pessoas só sabem amar a música em função dos pensamentos que ela venha a despertar nelas, quando escutam visualizam cenas magníficas, florestas com árvores aromáticas, ou imaginam-se a si mesmas em diversas situações românticas. Isso lhes dá prazer, mas aí não é a música que as alegra; o que ocorre, neste caso, são associações animadas pela música. O clímax do proveito e da alegria na audição da música está num plano mais profundo: no afeto e amor pelas melodias, pelo puro desejo das mesmas, pelo estímulo dos ritmos, pela fascinação das harmonias, por si só, pela satisfação absoluta que nos proporciona uma boa peça musical" (BRAND, 1985: 57s.). Também não se deve interpretar o sentido da música, mas sim vivenciá-la na essência. Assim é a audição isenta, e só ela nos pode levar a um profundo silêncio interior, no qual as melodias ou palavras nos tocam tão a fundo que podemos chegar ao âmago de nossa alma.

À primeira vista, parece contraditório querer atingir o silêncio através da audição musical, mas a música e o silêncio são ouvidos ao mesmo tempo, porque, na música, já não ouço mais os próprios sons, e sim aquilo que se manifesta nos sons. Isto, para mim, não vem apenas do compositor, mas do próprio Deus. Todos os sons remetem ao inaudível e o inaudível remete a Deus. Ulrich Brand assim viu a ligação da música com o silêncio: "Puro silêncio e música parecem opostos, ou mesmo antíteses um do outro. Na verdade, a própria música leva ao silêncio espiritual. Quem procurar acompanhar os sons fielmente, considerando como abstração tudo o que não é som, constatará que a música o liberta das questões rotineiras" (BRAND, 1985: 84). O escritor francês Marc de Smedt citou a experiência de uma amiga, que lhe disse: "Só quando ouço música é que sinto o silêncio à minha volta". A esse respeito, ele escreveu: "O som, cada som, vem do silêncio e retorna a ele. Através do silêncio interior que o som libera, o efeito sonoro harmônico pode nos proporcionar elevados estados de alma. Na Antiguidade, a música era vista como um dos meios mais eficazes para se entrar em união com os deuses" (SMEDT, 1987: 94).

Quando ouço uma cantata de Johann Sebastian Bach, entregando-me unicamente à música e à sua mensagem, os sons e as palavras me conduzem a Deus. Não é preciso analisar como um cantor ou cantora interpretam uma ária; deve-se simplesmente escutar com o corpo todo e deixar todo o efeito da música atravessar todas as fibras do corpo e da alma. E, assim, eu passo a ouvir nos sons também o inaudível. E quando a música, depois de cessar, ainda ressoa em minha mente, costumo ter a sensação de um profundo silêncio à minha volta. A música me introduziu naquele silêncio indescritível.

10 ATIVIDADES SIMPLES E CONTÍNUAS

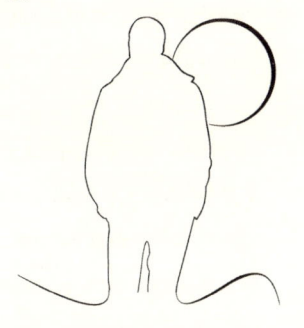

Karlfried Graf Dürckheim, a quem visitei muitas vezes na década de 1970, procurou unir a meditação zen, que aprendera no Japão, à psicologia junguiana. Ele citava uma antiga frase japonesa: "Para se obter algum sentido religioso, bastam duas condições: simplicidade e continuidade". Em seu livro *Der Alltag als Übung* (O dia a dia como exercício), assim ele interpreta esta frase: "Aquilo que é sensato, e justamente por ser sensato liberta o homem da ilusão do ego, cujo êxito tende a ser de alcance muito mais difícil, também o ajuda a livrar-se da necessidade da aprovação do mundo, liberando, assim, sua busca interior" (DÜRCKHEIM, 2004: 17). Complementando, ele apresenta numerosos exemplos de como pode ser plenamente simples um caminho para o interior do ser, para o silêncio interno e para se libertar do ego: "Uma carta pode estar na caixa de correio a uns 100 passos de distância, mas basta vermos a abertura da caixa e os 100 passos se anulam. Assim pode o homem, no caminho da condição humana, organizar e renovar sua vida, indo, com postura e visão corretas, pelo atalho mais curto" (DÜRCKHEIM, 2004: 16).

Eu posso, naturalmente, concluir rápido os diversos pequenos trajetos do dia – ir à caixa de correio, às compras, ao escritório dos colegas de trabalho – e, assim, apresso tudo o que tenho a fazer. Só que a pressa pode induzir à raiva; portanto, se me entrego à pressa, tenho raiva de mim mesmo e não estou presente naquilo que faço. Sinto-me pressionado a ter que fazer o máximo que puder. Mas se, ao contrário, eu trato meus afazeres como uma rotina interior, realizarei, neles todos, o silêncio. É como dizer: Quando estou consciente no meu ir e vir, os percursos rotineiros do meu dia podem pôr o meu ser interno em ordem e paz. Neste sentido, Graf Dürckheim recomendou tomar como exercício trabalhos rotineiros simples, tais como cozinhar, passar a ferro, cortar grama etc. Deste modo, mesmo trabalhos não muito agradáveis podem tornar-se um caminho para o sossego interior. Quando faço limpeza nos meus aposentos, posso esquecer-me de mim completamente. Assim ponho ordem não só no meu ambiente, mas também em mim mesmo. A atitude interior influi muito nesta prática. Se me entrego plenamente à atividade, sem ficar pensando em muita coisa, essa repetição rotineira simples me leva ao silêncio.

Mas o objetivo de Dürckheim, no emprego da rotina diária como exercício, não é só a realização do silêncio. A meta final é livrar-nos do ego; é este o verdadeiro caminho rumo ao silêncio, porque o ego é sempre barulhento e falastrão, jamais sossega porque está sempre querendo algo. Para Dürckheim, a meta do caminho é ir ao encontro da essência interior, o que ele chamou de "vida a serviço do ser". A essência, o ser, deve revelar-se em nós. O ego, que ecoa o tempo todo, não deve mais obstruir esta essência: "O exercício do caminho interior é, antes de tudo, o trabalho de descerrar o ego, para possibilitar a realização interior da essência, pela qual o Ser se manifesta" (DÜRCKHEIM, 2004: 36).

Para muitas pessoas, *correr* é um bom modo de alcançar o silêncio, mas é preciso saber como correr. Se eu me propuser a aumentar, a cada dia, minha distância e velocidade, vou ficar sob pressão o tempo todo. Mas se eu simplesmente deixar a corrida fluir, poderei correr livre de qualquer influência. Assim, posso ligar o movimento uniforme a uma palavra de meditação, ou simplesmente me deixar levar pelo movimento. Isto logo me leva ao equilíbrio interior e ao silêncio. Uma senhora me falou sobre seu plano de percorrer a cada dia um trajeto diferente, de modo a evitar a monotonia. Mas assim ela pode se dispersar e sentir-se sob pressão. O melhor é percorrermos sempre a mesma rota, ignorando a curiosidade, deixando-nos apenas levar pela corrida e esquecendo-nos de nós mesmos. Esse autoesquecimento nos livra dos devaneios. Não presto atenção aos quilômetros que percorro; na verdade, fico todo entregue ao ato de correr, absorvo a natureza que me circunda, o sol que desponta, o vento, o suave aroma da manhã, o perfume da mata, os prados, os campos. Torno-me um com a natureza, um com a corrida, um comigo mesmo.

Para outras pessoas, o ciclismo é um bom caminho para o sossego. Também neste caso há uma repetição de movimentos, que ocorrem quase mecanicamente. A entrega a um movimento uniforme me leva ao sossego. O ciclismo pode ser visto como um símbolo direto da vida. Justamente quando há dificuldade e tenho que me esforçar, posso visualizar uma imagem das montanhas, internas e externas, com que tenho de lidar no dia a dia. Quando entramos numa crise, quando tudo se nos torna difícil, é preciso ampliar a confiança. Quando jovem, eu viajei de bicicleta, com meus irmãos e primos, para a Áustria, Itália e Suíça. Nós queríamos realizar a façanha de passar pelos trechos mais estreitos, tais como o Fernpass, pedalando, sem descer das bicicletas para empurrá-las. Naquele tempo, as bicicletas só tinham três marchas. Ainda assim, era fundamental para nós subir a montanha devagar e continuamente. Aquilo foi para nós uma imagem da vida. Quisemos enfrentar a dificuldade, ficar mais fortes, enquanto o vento batia de encontro às nossas caras.

  Muitas pessoas encontram a paz através da jardinagem. A escavação regular do solo inspira calma. Quando entro em contato com a terra, consigo deixar para trás os constantes pensamentos inquietos e, em lugar deles, sinto meu próprio ser. O trabalho com a terra me põe em contato comigo mesmo, com meu corpo. Esta sensação do si mesmo nos proporciona paz e silêncio. Muita gente procura o sossego entre nós, no mosteiro. Muitos encontram tal sossego na nossa hora da prece, outros o encontram em longas caminhadas. Há, porém, muitos que optam pelo trabalho de jardinagem. O simples trabalho no jardim lhes abre caminho para a paz, o contato com a terra lhes faz bem. Para pessoas atacadas de inquietações neuróticas ou tendências depressivas, o trabalho com a terra é medicinal. A terra lhes devolve o chão.

Outros preferem atividades mais enérgicas, como rachar lenha ou serrar madeira, através das quais fazem escoar tensões e agressões internas. Eu mesmo pratico essas atividades, porém, ao concluí-las, não fico esgotado, mas só notadamente cansado. É um bom cansaço, que afugenta a inquietude. O ritmo uniforme dos trabalhos simples gera um efeito de abrandamento e calma. Por exemplo, quando varro cuidadosamente o quintal, fazendo os movimentos de sempre, isso me faz bem à alma. O ato externo é símbolo para o interno; eu varro para fora as minhas sujeiras, purifico-me do que veio com a poeira e do que se alojou em minha alma. Assim, todo ato externo, se o fazemos cuidadosa e atentamente, pode tornar-se um caminho para o silêncio.

Em suas parábolas, Jesus visualizou, mais que tudo, a atividade uniforme dos camponeses, como imagem da nossa vida. Ele visualizou o trabalho do semeador: algumas sementes caíram na beira do caminho, outras caíram num lugar de muitas pedras e pouca terra, outras caíram no meio de espinhos, mas outras caíram em solo fértil e só estas germinaram (cf. Mc 4,1-9). Tomando a semeadura como imagem, Jesus viu uma representação da nossa vida. O Reino de Deus é assim, "como um homem que joga a semente na terra. Quer ele durma ou vigie, de dia ou de noite, a semente germina e cresce sem que ele saiba como. É por si mesma que a terra dá o fruto, primeiro vêm as folhas, depois a espiga, em seguida o grão que enche a espiga" (Mc 4,26-28). Também esta é uma imagem para nossa vida; no campo da nossa alma cresce o fruto da fé, sem que nos demos conta.

Podemos aprender com Jesus a enxergar nosso trabalho exterior como reflexo do trabalho interno em nossa alma, e tudo o que acontece à nossa volta como reflexo de nossa relação com Deus. Jesus foi, sem sombra de dúvida, um observador. Observando a videira, fez dela uma imagem de nossa relação com Ele. Observando a porta, viu a imagem da dificuldade que costumamos ter para alcançar nosso ser interno. Jesus olhou para a porta e disse que os ouvintes encontraram novamente um caminho para dentro de si mesmos, e a chave de seu coração. Assim, tudo o que fazemos e observamos pode tornar-se uma imagem do nosso caminho interior, do caminho da transformação, uma demonstração de que o Espírito de Deus pode, cada vez mais a fundo, permear-nos o ser e nele estabelecer-se.

11 Liturgia e silêncio

Muitos cristãos costumam participar do ofício religioso com o espírito inquieto, e não encontram o que procuram. Muitas vezes, essa inquietação tem algo a ver com seu desequilíbrio interior; porém, mesmo pessoas equilibradas, que têm sensibilidade para o silêncio, costumam tê-lo em falta, em meio à liturgia. Neste caso, não cabe questionar quanto ao tempo a ser destinado às pausas de meditação, e sim quanto à qualidade do ofício, como um todo. Ele conduz ao silêncio e a Deus? Não é verdade que muitos sacerdotes e fiéis ocultam sob uma constante agitação a sua falta de alcance ao silêncio? Pessoas sensíveis percebem se um ofício celebra a realização do silêncio, ou a dissipação e o vazio interior.

Nos primórdios da Igreja, o culto era também ligado à mística, e os cristãos tinham experiências profundas de unificação com Deus, durante a liturgia. A mística grega é, em primeira estância, uma mística da observação e a liturgia era, para os líderes da Igreja Grega, um espetáculo sagrado. Os ritos estão lá para serem contemplados e, na contemplação, o homem se torna um com aquilo que vê. É o que ocorre comigo na Quinta-feira Santa de cada ano. Uns 30 jovens, em silenciosa procissão, levam da nave ao altar os cálices do vinho e das hóstias, os círios e as flores. Um confrade participa da procissão, não para disciplinar os jovens, mas para transmitir a eles o sentido interior daquele ato. No cálice, eles levam o sofrimento do mundo, partindo da nave, que é onde fica o povo, ao altar, ao próprio Deus, para que Ele transmute esse sofrimento. No cálice das hóstias, eles levam o desequilíbrio da humanidade, o marasmo do dia a dia, à presença de Deus, para que a rotina dos homens fique cheia do Espírito de Jesus. Quem vê o nível de zelo e consciência com que os jovens levam aquelas oferendas ao altar, passa a fazer parte desse espetáculo. Conforme disse o filósofo grego Aristóteles, o espetáculo leva à catarse, à purificação das emoções, à clareza interior. Hoje precisamos de um novo sentimento para o espetáculo sagrado, que nos conduza à visão de Deus, de modo que, em Deus, encontremo-nos a nós mesmos.

Um meio para exercitar o silêncio na liturgia consiste em, durante as leituras, manter conscientes instantes de silêncio, e não entoar de imediato a resposta ao texto bíblico. A palavra deve imprimir-se a fundo na alma, e isto requer silêncio. Além do que, na liturgia é importante que não haja pressa, e sim o cumprimento consciente, pausado e atento do ato, o que também nos leva à calma. No momento da comunhão, a maioria dos participantes sente a necessidade de manter silêncio e interiorizar o que está ocorrendo. No pão e no vinho, eles absorveram Cristo, e querem deixar-se tocar cada vez mais a fundo pelo silêncio do Espírito de Jesus Cristo, em seus corpos e almas, nos sentimentos, no decorrer do dia e nos relacionamentos. Em muitas igrejas, estabelece-se, durante a comunhão, um denso silêncio, perturbado apenas por alguns inquietos que se mexem ou tossem aqui e ali. Essa inquietação é, geralmente, uma expressão do incômodo que sentem, ou uma resistência interna contra o silêncio.

Geralmente, encerro minhas palestras com um ritual vespertino. Nesta prática, ocorrem experiências muito variadas. Muitas vezes, estabelece-se um silêncio magnífico, mas há ocasiões em que o ambiente fica inquieto e, nesses momentos, costumo sentir que justamente entre devotos mais se tosse e mais ruídos de gente se mexendo se escuta do que entre pessoas não afeitas à religião. A olhos vistos, são exatamente essas pessoas afastadas das igrejas que têm um grande anseio espiritual e sentem a necessidade do silêncio. Estes, com frequência, vêm me dizer, depois da palestra, que para eles o silêncio é o mais importante. Por outro lado, aparecem muitas pessoas engajadas na igreja e conhecedoras de todo tipo de ofício litúrgico, que, com todo seu histórico de ativismo religioso do silêncio, não fazem mais que ocultar, sob a capa das práticas devotas, o seu vazio interior.

Um ofício celebrado por tais pessoas, raras vezes, terá um silêncio autêntico; mais facilmente estará impregnado de atuação ou de encenação. Sempre terá que acontecer algo, porque o silêncio e a verdade interior de cada um devem estar fora do caminho.

Há ainda um outro modo de realizar o silêncio através da liturgia. Nós, monges, cantamos salmos quatro vezes por dia, por um espaço de meia hora a cada vez. Muitos dos que seguem o caminho da meditação calada consideram que, nessa prática, há excesso de palavras. Mas eu sinto que essas muitas palavras me conduzem à paz; a uniformidade dos sons desses cânticos me traz prontamente o sossego interior e as muitas palavras liberam em mim o inconsciente. Assim, o silêncio divino pode expandir-se profundamente em minha alma. A experiência demonstra que, após meia hora de canto, eu obtenho a tranquilidade interior. Não se pode forçar o silêncio por meio da abstenção da fala, e muitos dos que praticam a meditação calada costumam ficar, depois da prática, ainda mais inquietos. O canto, pelo contrário, cativa o espírito e desbloqueia os sentimentos, que geralmente não se liberam com a mera cessação da fala. Um dos visitantes do nosso mosteiro assim descreveu suas experiências após várias orações do coro: "Eu me senti como numa praia. As ondas purificavam a praia cada vez mais e a areia ficava cada vez mais lisa. Depois da prece cantada, eu me senti purificado e serenado".

Estive duas vezes no Monte Athos. No mosteiro romeno, passei uma noite inteira na liturgia da Festa da Transfiguração. O ofício religioso durou em torno de sete horas. Os cantos eram seguidamente repetidos, leituras eram proferidas e, por fim, foi celebrada a Eucaristia. Eu não entendia as palavras, mas, não obstante, aquelas sete horas me conduziram a um profundo silêncio interior. A Igreja oriental ama a liturgia longa. Eles consideram que não podemos estar atentos o tempo todo, mas acreditam que o longo tempo de canto e prece retira o homem da sua rotina sem sossego e leva-o a um outro mundo, ao mundo de Deus. Durante a liturgia, o céu se abre acima dos homens. Isso transforma sua existência na terra.

A Igreja ocidental também conhece liturgias longas, principalmente as dos dias santos. Durante 25 anos, estive ligado ao trabalho com a juventude e, na noite de São Silvestre (Ano Novo), a partir das 21h, celebrávamos um ofício que costumava demorar até umas sete horas. Lá cantávamos, calávamos, dançávamos. Em procissão, cantando sempre um mesmo mote, percorríamos a grande igreja da abadia. Nossa entrega a tão longa liturgia nos levava ao sossego e, ao mesmo tempo, à alegria interior. A noite de Páscoa, na igreja da abadia, costuma durar três horas. Mesmo quando não estou continuamente atento ao ofício, sinto que essas três horas produzem algo em meu ser. Ao término, fico tomado por um silêncio que não consigo alcançar pela meditação calada. Naquele estado, estendo-me a todas as alturas e profundidades ao alcance da condição humana, a luz do Cristo adentra todos os abismos sombrios da minha alma. Estou em paz comigo, sou um comigo, um com Deus, de bem com a vida.

Em muitas paróquias, não se pode ter ofícios com mais de 45 minutos, porque os participantes começariam a ficar agitados. Naturalmente, há também muitos cultos cujo tempo é estendido artificialmente. Mas quando já não se tem ânimo para dedicar algum tempo ao serviço de Deus, também não se pode esperar que algo progrida, ali não ocorrerá silêncio algum e o visitante de fora achará que nada mais se realiza além de um dever. Precisamos ter espírito ativo, para que possamos recuperar, em nossas igrejas ocidentais, a normalidade do tempo reservado ao serviço de Deus. Assim, o ofício voltará a nos trazer a experiência do silêncio e nós entenderemos por que, para a Igreja em seus primórdios, a mística se estendia ao culto. No mistério da liturgia, o mistério de Deus está presente, nós somos iniciados no mistério do amor de Deus. Na liturgia, é retirado o véu que tudo cobre, e podemos captar uma visão do invisível, do mistério do Deus inconcebível.

Resumindo

Muitos caminhos conduzem ao silêncio. Cada um de nós deve escolher aquele que lhe convém e, neste sentido, precisamos perceber a tendência natural de nossa própria alma. Além de tudo, o caminho para o silêncio não é sempre agradável, e o silêncio não é sempre confortador. Ele também nos confronta com a nossa verdade pessoal, e só quem tem coragem para assumir sua própria verdade pode seguir o caminho que leva ao silêncio e, então, vivenciar neste caminho a paz interior.

Se solicitamos o silêncio, não o obtemos de imediato. Diversos recursos se relevaram eficazes como auxiliares na busca do silêncio. Entre eles, há o caminho da natureza, a procura por lugares silenciosos, a meditação, a leitura, os rituais, as atividades simples e contínuas, que nos levam ao sossego. No entanto, todos esses caminhos só me possibilitam o encontro do silêncio se me proponho interiormente a aceitar tudo o que venha a mim. Tudo deve ser permitido. Eu nada reprimo, nada avalio. Eu deixo estar e entrego a Deus. Só com este princípio eu posso me aventurar ao silêncio e vivenciá-lo como terapêutico e libertador.

Portanto, além dos caminhos que levam ao silêncio, também são necessárias atitudes muito bem definidas. Se alguém fica o tempo todo se condenando porque a imagem que fez de si mesmo não corresponde à verdade, ou porque, quando criança, lhe foi incutido que ele não era como deveria ser, então lhe será difícil chegar ao silêncio, seja por que caminho for, pois cada caminho que venha a tentar será acrescido de medo. Logo, devo me permitir interiormente ser tal como sou; assim realizarei o silêncio como algo saudável. Ele não virá apenas para me embalar com sentimentos de salvação e de estar em casa, mas também para me transformar. Ele me transforma porque trago comigo a minha verdade e ela, no silêncio, estende-se a Deus.

    A tradição espiritual faz distinção entre a supressão da fala e o silêncio. Calar é um ato que pratico para tornar-me silencioso, de modo a encontrar minha verdade. Já o silêncio é um elemento em que me introduzo. A respeito do calar, escrevi principalmente no meu livro *As exigências do silêncio*, no qual parto das experiências dos monges em seu caminho ascético. Para os monges antigos, a supressão da fala era tida como um caminho para o encontro de si mesmo, para a libertação e para a unificação com Deus. No livro em questão, considerei a importância de partirmos deste conceito que nos apresenta do silêncio: nós não precisamos fabricar o silêncio, ele vem a nós. O que temos de fazer é procurar aqueles lugares do silêncio e praticar os caminhos espirituais que nos conduzem ao nosso espaço interno do silêncio, porque todos os espaços exteriores do silêncio, tais como a natureza, os lugares de poder, igrejas, bibliotecas e salas de concerto apenas nos fazem lembrar de que já existe, dentro de nós mesmos, um lugar do silêncio. Este é um lugar de cura e procurá-lo dentro de nós nos faz bem. Aquele que está em contato com esse espaço interior é um homem silencioso. Perto dele, sentimo-nos bem, junto dele nós também nos tornamos silenciosos.

    Costumo perceber, em palestras – e, muitas vezes, também em ofícios litúrgicos – pessoas que não conseguem ser silenciosas. Eles obviamente não declaram, mas trazem consigo um total desassossego. Certa vez, durante um ofício, encontrei um padre que, apesar do silêncio à sua volta, só emanava inquietação. Fiquei com pena dele, e desejei que, através de toda sua prática religiosa, ele pudesse encontrar um caminho para si mesmo e para seu espaço interior do silêncio. Não me preocupo em recomendar qualquer exercício de contenção da fala ou método de meditação. Prefiro verificar o que faz bem a cada um, no sentido de possibilitar-lhe o ingresso em seu espaço interno do silêncio, e de que modo o silêncio exterior pode guiá-lo ao encontro do interior. O mesmo desejo a vocês, queridas leitoras, caros leitores; desejo que, lendo este livro, tenham a experiência do contato com seu espaço interior. Não precisamos fazer força para capturar o silêncio. O silêncio está aí dentro de nós, e só quer ser descoberto e percebido.

Muitas pessoas me perguntam, ao final de minhas palestras, como poderiam vivenciar esse lugar interior do silêncio, ou como achar uma entrada para ele. Ficam fascinadas com a imagem daquele espaço interior, mas se sentem sem ajuda e não conhecem nenhum meio. Não tenho truques para ensinar e este livro também não é um manual de como atingir a meta do caminho que leva ao nosso espaço interno do silêncio.

Talvez, após lerem este livro, todos vocês tenham nos lábios a mesma pergunta. Então vou responder como respondi depois das palestras: Só a imaginação de que há em nós um espaço do silêncio, que não precisamos fabricar, já nos ajuda a distinguir, de tempo em tempo, este silêncio em nós. Só podemos senti-lo em determinados instantes, e cada um desses instantes é, enfim, um prêmio que não podemos invocar por meio de técnicas de meditação ou instruções espirituais. Mas se confiamos naquela imagem que cada um de nós já traz consigo – caso contrário, não a perceberíamos –, então essa imaginação nos ajuda a vivenciar o lugar do silêncio às vezes. Mas mesmo que não o encontremos em meio à rotina do dia, a imagem do espaço interno nos dá condições para viver a rotina de outra forma. Sabemos, então, que, por trás de todo barulho interno e externo, o silêncio já está em nós. Não precisamos de técnicas complicadas, basta a lembrança daquele lugar interior para nos proporcionar plena liberdade, e também pleno silêncio, em meio ao tumulto do dia a dia. Eu desejo que vocês, em meio a tudo que fazem, lembrem-se desse espaço interior do silêncio e que, através desta lembrança, sintam-se livres da pressão das expectativas que pululam ao redor. E desejo que, em meio à inquietação, confiem nesta âncora do silêncio, que lhes dá estabilidade em meio às ondas e marolas de suas vidas.

Referências

BAMBERGER, John Eudes (1986). "Einführung in die asketische und mystiche Theologie des Evagrius Pontikus". In: EVAGRIUS. *Praktikos*: über das Gebet. Trans. John Eudes Bamberger. Münsterschwarzach: Vier-Türme, p. 8-23 [Schriften zur Kontemplation, 2].

BRAND, Ulrich (1985). *Der Schritt in die Stille* – Hinführung zur Musikmeditation. Munique: Pfeiffer.

DÜRCKHEIM, Karlfried Graf (2004). *Der Alltag als Übung*. 10. ed. Bern: Huber.

GRÜN, Anselm (2005). *As exigências do silêncio*. 3. ed. Petrópolis: Vozes.

GRÜN, Anselm & BURGGRABE, Helge (2006). *Zeiten der Stille*. 2. ed. Munique: Claudius.

LECLERCQ, Jean (1963). *Wissenschaft und Gottverlangen* – Zur Mönchstheologie des Mittelalters. Düsseldorf: Patmos.

MELZER, Friso (1959). *Musse und Stille* – Wege zu erfülltem Leben. Hamburgo: Furche.

RAAB, Peter (org.) (1988). *Heilkraft des Lesens* – Erfahrungen mit der Bibliotherapie. Friburgo: Herder.

SESTERHENN, Raimund (org.) (1983). *Das Schweigen und die Religionen*. Friburgo: Katholische Akademie Freiburg.

SMEDT, Marc de (1987). *Das Lob der Stille*. Munique: Bertelsmann.

Stille (1976). Mainz: Matthias-Grünewald [Seleção de textos de Hans Hoffmann-Herreros].

Conecte-se conosco:

- **f** facebook.com/editoravozes
- **◉** @editoravozes
- **X** @editora_vozes
- **▶** youtube.com/editoravozes
- **☏** +55 24 2233-9033

www.vozes.com.br

Conheça nossas lojas:

www.livrariavozes.com.br

Belo Horizonte – Brasília – Campinas – Cuiabá – Curitiba
Fortaleza – Juiz de Fora – Petrópolis – Recife – São Paulo

EDITORA VOZES — **VOZES NOBILIS** — *Vozes de Bolso* — **Vozes Acadêmica**

EDITORA VOZES LTDA.
Rua Frei Luís, 100 – Centro – Cep 25689-900 – Petrópolis, RJ
Tel.: (24) 2233-9000 – E-mail: vendas@vozes.com.br